Luthers Hochzeit

Luthers Hochzeit

ELKE STRAUCHENBRUCH

EVANGELISCHE VERLAGSANSTALT
Leipzig

Elke Strauchenbruch studierte in Leipzig Geschichte. Anschließend war sie im Wittenberger Lutherhaus als wissenschaftliche Mitarbeiterin tätig. Später arbeitete sie als selbständige Buchhändlerin und Antiquarin. Heute lebt sie als freie Autorin vor allem populärer reformationsgeschichtlicher Bücher in Wittenberg. Als Autorin des Buches »Luthers Wittenberg« war sie als Beraterin für das Panorama von Yadegar Asisi »Luther 1517« tätig.

Bibliographische Information der Deutschen Nationalbibliothek:
Die Deutsche Nationalbibliothek verzeichnet diese Publikation in der Deutschen Nationalbibliographie; detaillierte bibliographische Daten sind im Internet über http://dnb.dnb.de abrufbar.

© 2017 by Evangelische Verlagsanstalt GmbH · Leipzig
Printed in EU

Das Buch wurde auf alterungsbeständigem Papier gedruckt.

Cover: Anja Haß, Frankfurt am Main
Coverbild: Ausschnitt aus dem Panorama LUTHER 1517 von Yadegar Asisi, © asisi
Satz: makena plangrafik, Leipzig
Druck und Binden: GRASPO CZ, a. s., Zlín

ISBN 978-3-374-04774-1
www.eva-leipzig.de

Für Yadegar Asisi,

den ich bei der inhaltlichen Erarbeitung des Wittenberger Luther-Panoramas unterstützen durfte und der für dieses Büchlein mehrere Szenen aus dem Panorama zur Verfügung gestellt hat.

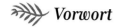 *Vorwort*

Wenn zwei Menschen zusammenfinden und sich versprechen, miteinander leben zu wollen und es dann auch tun, so sind sie vor Gott verheiratet. Ehe und Sexualität sind ein Geschenk Gottes an die Menschen, das sich auf Achtung vor dem Anderen und auf Liebe gründen sollte. Zu solcher Gemeinschaft von Mann und Frau gehören unbedingt auch Kinder, denen nicht nur mit Strenge, sondern vor allem mit Liebe zu begegnen ist. Diese Gedanken Luthers zu Ehe, Familie und Sexualität revolutionierten geradezu die mittelalterlichen Anschauungen.

Bisher hatten die *Minne* der Ritter, die meist unerfüllt blieb, und insbesondere die Hingabe an Jesus Christus durch das Leben im Kloster das Ideal abgegeben. Nonnen wurden als *Bräute Christi* bezeichnet und galten wie die Mönche als Vorbilder der Gottesliebe, der rein spirituellen Liebe. Leibliche Sexualität hingegen war dem klar nachgeordnet und möglichst auf die Ehe zu beschränken. Sie sollte vornehmlich der Zeugung von Kindern dienen. So weit das Ideal. In der Praxis aber stand Männern, die z. B. aus wirtschaftlichen Gründen keine oder noch keine Ehe eingehen konnten, der Weg ins *Freudenhaus* offen. Zu ihnen gehörten auch Gesellen, Studenten, Diener und Knechte. Sexuelle Bedürfnisse von Frauen interessierten nicht. Frauen waren in der mittelalterlichen Gesellschaft dem Mann untergeordnet und rechtlich in ihrer Mündigkeit eingeschränkt. Besonders schlimm erging es unverheirateten Müttern und ihren Kindern.

Luthers Idee von der Liebe als Geschenk Gottes revolutionierte den gesellschaftlichen Wert von Ehe und Sexualität und führte letztlich zu einer Aufwertung der Frauen, in denen er die geliebten Partnerinnen ihrer Ehemänner sah. Damit wertete Luther den Ehestand auf und verschaffte ihm als Grundlage der menschlichen Gesellschaft hohes Ansehen. Wer wollte schon ein Geschenk Gottes abwertend betrachten! Kinder rückten in seinen Fokus und in den seiner heiratenden Freunde. Kinder müssen erzogen werden, brauchen Liebe und vor allem Ausbildung. Sie sind die Zukunft der Gesellschaft. Die Reformation wurde zum Bildungswerk, gerade auch für Mädchen!

Martin Luther und seine Freunde schufen neue Kirchenordnungen und begründeten neues Eherecht. Dabei griffen sie immer wieder auf altes regional ausgeübtes Brauchtum zurück. Alles wurde geprüft und, wenn als evangelisch befunden, weiterhin zugelassen. So heirateten viele Paare weiter zu Hause oder vor den Brautportalen der Kirchen. Erst nach Luthers Tod griffen die Obrigkeit und die Kirche ordnend ein und schufen Tauf-, Trau- und Sterberegister. Die Eheschließung verlor ihre von Luther propagierte Privatheit und wurde zu einem öffentlichen Bekenntnis, was den Akt der Hochzeit enorm aufwertete.

Martin Luther brauchte eine lange Zeit, um sich selbst aus seinem Klosterleben zu lösen. In diesem Prozess erkannte er die Problematik des *Zölibats* und stellte den Klosterinsassen vor Augen fest, dass die Sexualität, mit deren Unterdrückung sie fast alle kämpften, eine Gottesgabe sei, die in der Ehe ausgelebt werden dürfe. Er forderte sie auf, ehelich zu leben und zu lieben und freute sich ungemein, als die ersten Freunde Ehen schlossen. Waren es anfangs nichtgeweihte Theologen wie Philipp Melanchthon, so folgten ihnen bald geweihte Mönche und Nonnen. Luthers Freund, der ehemalige Augustinermönch Bartholomäus Bernhardi, schloss am 24. August 1521 mit einer Bürgerstochter die Ehe und begründete fast vier Jahre vor Luthers Hochzeit das erste evangelische Pfarrhaus. Im Falle von Luthers Freund Johannes Bugenhagen zeigte sich, dass die Eheschließung von ehemaligen Klosterinsassen auch auf Abwehr stieß. Schlimm wurde es, als sich Luther selbst zur Ehe entschloss und dafür mit Katharina von Bora eine geflohene Nonne wählte. Luther, der fast Zeit seines Lebens unter scharfer Beobachtung stand, löste mit seiner Hochzeit breite Debatten aus und stieß teils auf eine Welle der Ablehnung, die sich auch gegen seine Braut richtete. Selbst Philosophen wie Erasmus von Rotterdam diskutierten, ob aus dieser Ehe Kinder im menschlichen Sinne geboren werden könnten oder Ausgeburten der Hölle.

Luther selbst erschien seine Ehe anfangs als eine Art Zweckbündnis. Doch bald erkannte er, dass er richtig gewählt hatte. Katharina war die Liebe seines Lebens und er die ihre. Sie genossen die Freuden der Ehe, teilten alle Sorgen und gingen voller Respekt und sehr partnerschaftlich miteinander um. Dennoch lebten sie in einer männerdominierten Gesellschaft, die das Wirken der Frauen gerne übersah oder offen missachtete. Da die Berichte über Luther und seine Ehe meist von Studenten oder männlichen Beobachtern verfasst wurden, erscheinen die Frauen der Reformatoren darin kaum. Wir wissen nicht, ob sie an Feiern teilnahmen. Auch Gespräche mit ihnen wurden nur ganz selten notiert. Dafür berichtet Luther in fast allen Briefen an die Freunde voller Freude vom Wirken seiner Frau und sprach später auch mit Wärme von seinen Kindern. Briefe an ihn enthalten sehr häufig Grüße an die vielbeschäftigte Lutherin. Man wusste selbst bei Hofe um ihre Bedeutung für sein Seelenleben und achtete es. Luther pries die Freuden der Ehe, half seelsorgerisch bei Kummer, Krankheit und Tod und organisierte sein Leben lang mit Feuereifer weitere Hochzeiten. Wer hätte gedacht, dass ausgerechnet dieser Reformator die Liebe als Grundlage der Ehe über alles preist! Der Reformator erweist sich bei näherem Hinsehen auch im Alltagsleben als spannende Persönlichkeit, bei der noch viel Neues zu entdecken ist.

Wenn dieses Büchlein über *Luthers Hochzeit* erscheint, werden wir mitten im Jahr des Reformationsjubiläums 2017 sein. In der Forschung über die Reformationsgeschichte hat sich vor allem in den vergangenen Jahren die Aufmerksamkeit auf alltagsgeschichtliche Zusammenhänge gerichtet. 500 Jahre nach Beginn der Reformation ausgerechnet von der Liebe zu sprechen und mit Luther den Ehestand als Grundlage der Gesellschaft und unserer Zukunft zu loben, zeigt angesichts der derzeit sehr bedenklichen Entwicklungen in der Welt, dass wir Hoffnung haben sollen und können. Die Liebe wird am Ende gewinnen.

Ich danke der Evangelischen Verlagsanstalt für die immer gute Zusammenarbeit. Ich danke Yadegar Asisi, dass wir drei seiner wunderbaren Szenen aus seinem *Panorama Luther 1517* im Buche abbilden dürfen. Meine Mitarbeit am Panorama gehört sicherlich zu den eindrucksvollsten und schönsten Aufgaben in meinem Berufsleben. Ich habe sie genossen. Ich hoffe auf ein friedliches, weltoffenes, interessantes und schöne Erkenntnisse und Erlebnisse bringendes Reformationsfest, zu dem ich mit meiner Arbeit ein wenig beitragen wollte.

Auf dem Höhepunkt dieses Jahres würde ich meine Silberhochzeit zu feiern haben, wäre mein Ehemann nicht 2002 verstorben. Beim Schreiben des Buches habe ich immer wieder auch an meine Ehe gedacht. Es war die Liebe, die unser Leben schön gemacht hat.

Meinen Leserinnen und Lesern wünsche ich Freude am Leben und Liebe.

Elke Strauchenbruch
Lutherstadt Wittenberg im kalten Februar 2017

Inhaltsverzeichnis

꩜ *Luthers Entschluss zur Ehe*

Geht die Welt jetzt unter? fragten sich die Menschen Ende April/Anfang Mai 1525. Aus Tirol, Südwestdeutschland und dem Harzvorland kamen immer mehr Nachrichten vom Aufstand des *Gemeinen Mannes* gegen weltliche und kirchliche Herrschaften. Martin Luther reiste Mitte April mit Freunden in seine Heimat im Mansfelder Land und fand sich mitten im Aufstandsgebiet wieder. Nicht ahnend, dass der Bauernkrieg seinem schrecklichen Höhepunkt in der Schlacht von Frankenhausen zustrebte, verfasste er zu Beginn seiner Reise einen Aufruf an die Aufständischen zum Frieden. Wenige Tage später erkannte er die ungeheure Tragweite der Vorgänge und forderte die Herren in einer weiteren Schrift auf, die Aufstände ohne Rücksicht mit dem Schwert niederzuschlagen und so die *göttliche Ordnung* wiederherzustellen, wenn zuvor alle Verhandlungen um Frieden gescheitert wären. Ihm wurde klar, dass die Aufstände den weiteren Ausbau der sich gerade gründenden evangelischen Landeskirchen gefährden konnten und tat, was er in solchen Fällen immer tat: er wandte sich rücksichtslos gegen die vermeintlichen Feinde, wurde dabei aber durchaus nicht zum willenlosen Werkzeug der Fürsten.[1]

Mitten in diesen schweren Auseinandersetzungen um Krieg und Frieden fand Luther Gelegenheit, seinen Vater wiederzusehen und ein Gespräch mit ihm zu führen. Die Beziehung zu seinen Eltern hatte zu seinem Schmerz schwer unter seinem Eintritt ins Kloster gelitten. Der Vater fühlte seine Wünsche nach einer weltlichen Laufbahn des Sohnes missachtet. Dennoch waren er und seine Freunde Anfang Mai 1507 in einem eindrucksvollen Zuge zur Priesterweihe des Sohnes gekommen. Die Familie hatte in der Folge das Werden des Sohnes und Bruders im Kloster aufmerksam beobachtet und war ihm seit 1517 in seiner neuen Glaubenslehre gefolgt.

1520 besuchten Hans und Margarethe Luther ihren Sohn im Augustinerkloster in Wittenberg. Am 26. November begleiteten sie den Sohn zur Hochzeit von dessen Freund und Kollegen Philipp Melanchthon mit der Wittenberger Bürgermeisterstochter Katharina Krappe.

Als Luther zum Reichstag nach Worms zog, wurde er von seinem Bruder Jakob begleitet, *damit doch wenigstens einer der Seinen ihm nahe sei in der Stunde der Gefahr. Auf der Rückreise besuchte er mit ihm seine Verwandten in Möhra, vor allem seinen Onkel Heinz Luther, bei dem er seine hochbetagte Großmutter noch am Leben findet, die jedoch im September desselben Jahres stirbt.* Am 4. Mai 1521 soll Luther in Möhra/Thüringen unter freiem Himmel gepredigt haben, da die Kirche die vielen herbeieilenden Menschen, die den Helden von Worms sehen und hören wollten, nicht habe fassen können. Luther erzählte in einem Brief an seinen Freund Georg Spalatin scherzend über seine „Gefangennahme" bei Altenstein, wo sein Bruder mit den anderen vom Wagen gesprungen und davongelaufen sei.[2] Er selber wurde auf Befehl des Kurfürsten Friedrich auf die Wartburg gebracht.

Luther hatte immer darunter gelitten, mit seinem Klostereintritt den elterlichen Willen missachtet zu haben. In der an den Vater gerichteten Vorrede zu seiner Schrift über die Mönchsgelübde, hatte er am 21. November 1521 auf der Wartburg schuldbewusst geschrieben: *Es geht jetzt fast in das sechzehnte Jahr meiner Möncherei, in die ich mich ohne Dein Wis-*

sen und Deinen Willen begeben habe. Du hattest wohl Sorge und Furcht um meiner Schwachheit willen, darum weil ich ein junges Blut von etwa 22 Jahren war. Das heißt, um des Augustinus Wort zu gebrauchen, es war noch lauter heiße Jugend von mir, so zu handeln. … Du warst auch willens, für mich reich und ehrenvoll zu freien und so mich zu fesseln. Weiter schrieb er davon, dass er den Zorn des Vaters erst überwinden konnte, als er ihm von seinem Gelübde in Stotternheim erzählte und von seiner dabei, im Angesicht eines lebensbedrohlichen schweren Gewitters, erlebten Todesnot.

Sein Gewissen und sein Vater sagten ihm, Gott hat geboten, man solle seinen Eltern gehorchen, aber *was ich tat, war ganz ungöttlich. Dass es aber nicht aus Gott war, das geht nicht nur daraus hervor, dass es wider Deine Gewalt war, sondern auch daraus, dass es nicht von Herzen und aus freiem Willen getan war. … Aber die Möncherei ist nun bei mir aus und ist nichts, wie ich gesagt habe. Aber der mich aus der Möncherei herausgenommen hat, der hat mehr Recht über mich, als Dein Recht ist. … Und siehe, das ist es, wie gesagt, was weder Du noch ich selbst vorher gewusst haben, dass nämlich Gottes Gebote allen anderen vorgehen müssen. …*

Er müsse nun *im Dienst des Wortes Gottes sein.*[3]

Seit 1521 heirateten Geistliche und nahmen zur wirtschaftlichen Absicherung ihrer Familien ein bürgerliches Leben auf. Doch Martin blieb in seinem Kloster und fand erst im Oktober 1524, nun schon fast 41-jährig, die Kraft, seine Mönchskutte endgültig abzulegen und auch auf Reisen in bürgerlicher Kleidung zu erscheinen. Das gab seinen Eltern Hoffnung, dass ihre Wünsche doch noch in Erfüllung gehen könnten. Auch dieser Sohn sollte endlich nach dem Vorbild seiner Freunde eine Ehe schließen und Vater werden. Im Gespräch zwischen Vater und Sohn soll es Ende April/Anfang Mai 1525 darum gegangen sein, dass der Vater verlangte, der Sohn solle endlich die Wünsche seiner Eltern erfüllen und heiraten.

Womöglich hat Hans Luther in diesem Gespräch erfahren, dass Luther sich gerade zur Eheschließung durchgerungen hatte. Denn Martinus schrieb am 4. Mai 1525 an den mit ihm und seiner Familie befreundeten Rat des Kardinals Albrecht von Brandenburg und der Grafen von Mansfeld, an Dr. Johann Rühel, und teilte dem Freund zwischen allen Nachrichten von Kriegsgräueln im Bauernkrieg überraschend mit: *Und kann ichs schicken dem Teufel zum Trotz, so will ich meine Käthe noch zur Ehe nehmen, ehe denn ich sterbe, wenn ich höre, dass die Bauern fortfahren. Ich hoffe, sie sollen mir doch nicht meinen Mut und meine Freude nehmen.*[4] Er hat in den vergangenen Wochen innerlich also nicht nur die Möglichkeit seiner eigenen Eheschließung durchdacht, sondern mögliche Bräute für sich ins Auge gefasst und die Eine, die Richtige für sich herausgefunden. Gewiss hat er dazu ihr Einverständnis erkundet, denn sonst hätte er Rühel wohl kaum Katharinas Namen genannt. Da Luther Wittenberg Mitte April verlassen hat, muss dieses Gespräch mit Katharina zuvor, also in der ersten Aprilhälfte, stattgefunden haben. Seinen Mut und seine Freude am Leben wolle er sich nicht nehmen lassen. In seinen Gedanken ging es nicht nur um sein Werk, nicht nur um die Kriegsgräuel rings um ihn herum, sondern auch um ihn und sein privates Glück. Dennoch kamen ihm Anfang Juni noch einmal leichte Zweifel auf, die er in einem seiner weiteren Briefe an Rühel äußerte.

Luther befand sich noch im Mansfelder Land und konnte dem Wunsche seines Kurfürsten Friedrich (Friedrich der Weise) nicht nachkommen und dem Fürsten bei dessen Sterben seelsorgerisch zur Seite stehen. Luthers

Abb. 1 *Bronzeepitaph Kurfürst Friedrichs des Weisen, Vischer-Werkstatt Nürnberg, nach 1525 in der Schlosskirche Wittenberg*

langjähriger Beschützer verschied am Nachmittag des 5. Mai in seinem geliebten Jagdschloss Lochau, dem heutigen Annaburg. Friedrichs Tod in so schweren Zeiten beraubte das Kurfürstentum um seinen die Ursachen des Aufstandes erkennenden, weisen Landesherrn, der offenbar bis zuletzt auf eine friedliche Lösung gehofft hatte. Da sich dessen meist männlichen Familienangehörigen wegen des Bauernkrieges im Felde befanden, musste der Sarg des verstorbenen Kurfürsten am 10. Mai ohne die zu solchen Anlässen übliche prunkvolle Begleitung von einem Pferdegespann, das *mit Fackeln und Wachskerzen* geschmückt war, nach Wittenberg gebracht werden. Die ihren Fürsten auf seinem letzten Weg ein Stück weit begleitenden Lochauer sangen ihm zum Abschied die Lutherlieder *Mit Fried und Freud fahr ich dahin* und *Aus tiefer Not schrei ich zu dir*. An der Spitze seines Gefolges waren in Vertretung der Familie sein unehelich geborener junger Sohn Sebastian von Jessen und sein 16-jähriger Neffe Franz von Braunschweig-Lüneburg.[5] Die Todesnachricht hat Luther während eines weiteren Aufenthalts bei Johann Rühel in Eisleben erreicht. Offenbar reiste er sofort ab,

denn er traf schon am Abend des 6. Mai wieder in seinem Wittenberger Kloster ein. Hier kümmerte er sich gemeinsam mit seinen Freunden und den Bediensteten des Verstorbenen um dessen standesgemäße Bestattung. Er berichtete über die Beisetzung, der Fürst *ist ohn Messen und Vigilien von uns, und doch fein, herrlich bestattet*[6] worden.

Abb. 2 *Kurfürst Friedrich der Weise und sein Bruder und Nachfolger Kurfürst Johann der Beständige, Holzschnitt von Lukas Cranach*

Der Tod des Kurfürsten im Angesicht des Bauernkrieges brachte den Wittenbergern neue und existentielle Probleme: Wie würde sich Friedrichs Bruder und Nachfolger Johann nun verhalten. Würde er die Reformation und die junge Wittenberger Universität weiter beschützen? Würde er sich von der Reformation als Quelle und Anlass des Krieges abwenden? Kurfürst Johann stand an der Spitze der die Aufständischen in Mitteldeutschland niederschlagenden Adeligen. Nach ihrem Sieg in der Schlacht von Frankenhausen und der Hinrichtung Thomas Müntzers am 27. Mai widmete er sich neben der Befriedung des Landes den nach einer Regierungsübernahme üblichen Aufgaben. So teilte er schon am 1. Juni mit, er wolle die Wittenberger Universität nicht untergehen lassen, brauche nur ein wenig Geduld. Man solle das auch Luther mitteilen.[7]

Der machte dem seinem Bruder Friedrich nachfolgenden Kurfürsten Johann (Johann der Beständige) zu dessen Stärkung einen erstaunlichen Vorschlag: *Und wenn Sr. Kurf. Gnaden wieder sagen sollten, wie ich schon früher gehört habe, warum ich denn selber keine Frau nähme, der ich doch jedermann dazu anweise, dann sollt Ihr antworten, ich hätte immer noch gefürchtet, ich sei nicht tüchtig genug dazu. Doch falls meine Ehe Sr. Kurf. Gnaden eine Stärkung sein sollte, dann würde ich gar bald bereit sein, Sr. Kurf. Gnaden zum Exempel vorherzutraben, da ich ohnehin im Sinn habe, ehe ich aus diesem Leben scheide, mich im Ehestande finden zu lassen, welchen ich als von Gott gefordert ansehe; und sollte es nichts weiter als eine verlobte Josephsehe sein.*[8]

Um die Bedeutung seines Entschlusses zur Ehe besser einschätzen zu können, müssen wir uns etwas mit der Geschichte von Ehe und Ehelosigkeit beschäftigen.

Ehe und Ehelosigkeit im Mittelalter

Der Hochzeitstag ist für jeden Menschen ein sehr emotionaler, ganz besonderer und unvergesslicher Tag, denn die Hochzeit ist die Gründung einer neuen Lebensgemeinschaft und das *Einswerden* von zwei Menschen *in Glück und Hoffnung*[9]. Das gilt für alle Zeiten und alle Kulturkreise. Hochzeitsfeiern und -riten sind allen Völkern bekannt und gehen bis in die Frühzeit der Menschheit zurück. Von Anfang an waren sie gesellschaftlich und religiös bedeutsame Ereignisse und meinten ursprünglich nicht die Verbindung von zwei einzelnen Menschen, sondern die Verbindung von zwei Lebenskreisen oder Familien, die sich, ihre Ahnen und die für sie wirkenden Gottheiten miteinander verbanden. Darum gehen noch heute Brautpaare, zum Beispiel in Estland und Westböhmen, an die Gräber ihrer nächsten Verwandten, legen als Zeichen des ewigen Lebens Blumen nieder und binden so die Verstorbenen in das Ereignis ein. Die Hochzeit war die Vereinigung zweier Gemeinschaften und für diese *ein Erlebnis, Weihe und Freude, und ein Wagnis, das Vorsicht auslöst*[10], und darum von vielen Riten und Bräuchen begleitet wurde und wird: alles, um dem jungen Paar eine glückliche Zukunft zu ermöglichen.

Eine Hochzeit war schon immer vor allem ein rechtlicher und damit weltlicher Akt, ursprünglich ein Akt zwischen zwei Familien, die mit der Verbindung ihrer Kinder bestimmte Ziele verfolgten: zum Beispiel Frieden schließen wollten, neue Bündnispartner an sich binden, sozialen Aufstieg, die Nachfolge sichern und so weiter. Ehen wurden meist von Eltern oder Vormündern für ihre Kinder beschlossen, die aber bei der Trauung ihre Zustimmung geben mussten, das *Ja-Wort*. Bei der Partnerwahl blieb man möglichst in „seinem" gesellschaftlichen Stand. Die jeweils herrschende Standesgesellschaft war entscheidend. So durfte der Adel nur unter sich und möglichst nur auf seinem Standesniveau heiraten. Auch in Zünften, Innungen und Gilden heiratete man möglichst untereinander. Seit dem 16. Jahrhundert gab es dann nicht nur in Wittenberg Professoren- und Pfarrerdynastien, die in jeder Generation immer an denselben Universitäten studierten und ihre Berufe und Stellen immer weitervererbten. In bestimmten gesellschaftlichen Kreisen, wie dem Adel und der Bauernschaft, musste man seit dem Mittelalter die Erlaubnis des jeweiligen Herrn einholen. Dessen Verbot war jedoch nicht das einzige mögliche Ehehindernis. Die Liste der Ehehindernisse und -verbote, zum Beispiel zur Inzestvermeidung unter Familienangehörigen, wurde unendlich lang[11] und hat auch Luther als Seelsorger beschäftigt. Die Feststellung von Ehehindernissen war schon seit der Zeit Karls des Großen weitverbreitet und wurde 1215 auf dem 4. Laterankonzil durch die damals noch nicht durchgesetzte Einführung des *Aufgebots von der Kanzel* kirchlich instrumentalisiert.

In den Evangelien (Mt 19,1–12 und Mk 10,1–10) wird die Ehe als Teil des göttlichen Schöpfungsakts (Gen 1,27 und 2,18–24) begriffen. Sie hat im Gott-Mensch-Verhältnis eine herausragende Bedeutung, weil in der ehelichen Vereinigung der Getauften das Mysterium erkennbar wird, in dem sich die liebende Vereinigung Gottes

Abb. 3 *Holzschnitt-Initiale I: Die Erschaffung der Eva, 1561 (Apostelgeschichte)*

mit der Menschheit abbildet. Deshalb durfte eine Ehe auch nicht geschieden werden.[12]

Um 1100 sind in Nordfrankreich die ersten liturgischen Hochzeitsrituale nachweisbar. Kirchenmänner prüften den Konsens des Brautpaares für eine Eheschließung (Ja-Wort) und ihren möglichen Verwandtschaftsgrad. Man unterschied zwischen der Vermählung als Beginn der Ehe und der Hochzeit (eheliches Beilager), mit der die Ehe vollzogen und nach den Normen der Kirche unauflöslich wurde.[13]

Mit dem Einzug des Christentums in Europa hatten auch hier die Versuche der Kirche begonnen, auf die Eheschließungen Einfluss zu nehmen. Man berief sich dabei auf die Bibel, wo schon in der Genesis die Ehe dem göttlichen Schöpfungsakt zugeschrieben wurde; ohne Ehe keine Zeugung. Durch den Akt der Zeugung schuf Gott die Möglichkeit der Schöpfung, sich fortzupflanzen. In ihm zeige sich die auf Ewigkeit angelegte liebende Vereinigung Gottes mit der Menschheit, die seit dem Sündenfall des ersten Menschenpaares durch *die böse Lust* belastet ist. Nur in der Ehe könne die so in die Welt gekommene Sünde vor Gott gerecht werden. Alle anderen erotischen Beziehungen gehörten in das große Reich der menschlichen Sünden. Nur der geistliche Stand erlaubte die ideelle Vereinigung mit Christus und galt als der sicherste Weg, vorbei am Fegefeuer direkt in den Himmel zu gelangen.

Zukünftige Nonnen wurden zu Beginn ihrer einjährigen Novizinnenzeit eingekleidet. In Brautkleid mit Brautkranz gekleidet führte man nach einem Jahr die *Bräute Christi* zu ihrer *Profess* in die Kirche. Nach Ablegung der Mönchsgelübde wurden die Klosterfrauen als Nonnen in ein *Habit* gekleidet, das ihren Körper und ihre Person „unsichtbar" machte. Sie durften die Klostermauern so gut wie nie mehr verlassen und haben zur Erhaltung ihrer Keuschheit kaum jemals wieder in ihrem Leben einen anderen Mann zu Gesicht bekommen als ihren ans Kreuz geschlagenen Bräutigam sowie ihre Priester und Kirchenoberen. Der geistliche Stand galt bis zur Reformation als gottgefällig, so über (fast) allen anderen stehend und durch seine innige Verbindung zu Christus als unantastbar. Da viele Klöster nur aus dem Adel stammende Frauen aufnahmen, entwickelte sich unter den Nonnen ein Standesdünkel, der vielen Klosterfrauen seelischen Halt gegeben haben dürfte.

Bis ins 13. Jahrhundert verwandte man den Begriff „Hochzeit" für hohe weltliche und kirchliche Feste. Erst dann beschränkte man ihn auf die Eheschließung. Die Hochzeit bestand weiter aus zwei Rechtsakten, der Verlobung und der Vermählung, die kurz aufeinander folgen konnten. Eheverträge kamen, wie andere Verträge auch, durch Handschlag zustande – hier durch Brautvater und Bräutigam – oder durch ein Handgeld oder einen Umtrunk der Beteiligten, das *lovelbier*. Mitunter tauschten Braut und Bräutigam Handschuhe zur Bekräftigung der Verbindung aus.

Die Idee der *Sakramentalität der Ehe* durch ihre priesterliche Einsegnung gewann in der Scholastik an Boden. Man verwies auf den Ursprung der Ehe im Paradies. Ziele der Eheschließung waren nun Nachkommenschaft, Glaube und Sakrament. Die Ehe galt als Mittel der Selbstoffenbarung Gottes und Zeichen der Verbindung Gottes mit der Seele und der von Christus mit der Kirche und galt weiter erst mit der im öffentlichen *Beilager* bewiesenen geschlechtlichen Vereinigung als vollzogen. Die in Europa führende Rechtsschule von Bologna sah erst im Vollzug der Ehe deren Unauflösbarkeit und Sakramentalität, denn die im Konsens der beiden Ehegatten vollzogene Sexualität symbolisiere die Verbindung Christi mit seiner Kirche durch die Liebe und damit die Unauflösbarkeit des vor Gott geschlossenen Ehebundes. In der *Hochzeit von Kana* habe Christus die Ehe als ein auf ihn und damit auf die Liebe hin bestehendes und gnadenvermittelndes Heilszeichen bestätigt.[14] Nach Augustinus adelte die christliche Ehe die naturgewollte menschliche Fruchtbarkeit und gilt noch heute, nach Joseph Ratzinger (Papst Benedikt XVI.), als Sakrament der in Christus Fleisch gewordenen Bundestreue Gottes. Augustinus ging davon aus, dass nur die Ehe fleischliches Begehren in rechten Schranken halte und die Sexualität, das sündhafte Tun, durch die christliche Ehe sittlich gerechtfertigt werde.

Mit der Durchsetzung des Christentums in Europa veränderten sich die Bedeutung der Ehe und die Stellung der Frau. War die Frau bis dahin der Willkür ihrer Väter, Brüder und Ehemänner vollkommen ausgeliefert, erlangte sie nun gewisse Selbstbestimmungsrechte und wurde von der erkauften Braut zu einer Ehefrau mit gewisser wirtschaftlicher Absicherung durch ihr Heiratsgut und der ihr von ihrem Gatten vertraglich zugestandenen Morgengabe und Wittum. Während Ehefrauen gewisse Persönlichkeitsrechte erlangten, blieben ledige Mütter und ihre unehelich geborenen Kinder auf dem alten Rechtsstand und wurden zunehmend enthert und gesellschaftlich deklassiert. Der von den Zünften seit dem 13. Jahrhundert bei der Lehrlingsaufnahme fast durchgehend verlangte Nachweis der ehelichen Geburt drängte die unehelich Geborenen an den Rand der Gesellschaft.

Ehen wurden im Allgemeinen von den Eltern arrangiert und bedurften zumindest ihrer Zustimmung. Wurde diese verweigert, so konnte das für die Ehepartner zur Folge haben, dass ihnen die üblichen Heiratsgüter zur Gründung ihres neuen Hausstandes verweigert wurden und man sie sogar aus der Erbfolge ausschloss. Andererseits mussten die Brautleute der beabsichtigten Ehe öffentlich zustimmen. Das *Ja-Wort* hat also als Konsenserklärung die Position besonders der Frauen gestärkt, die nun zumindest theoretisch eine ihnen missliebige Ehe verweigern konnten.

Heiratsfähig waren nur wirtschaftlich abgesicherte Männer, die in der Stadt ein Haus besaßen oder zumindest eine Mietwohnung haben mussten, auf dem Lande Haus- und Grundbesitz. Die Familie war ursprünglich eine Haus- und Herdgemeinschaft. Zum *ganzen Haus* gehörten der Hausherr mit der Hausfrau und den eigenen Kindern, die

Abb. 4 *Im Frauengässchen, Holzschnitt des Petrarca-Meisters*

blutsverwandte Familie, und in der Regel unverheiratetes und kinderloses Dienstpersonal. Mehrgenerationen- und Großfamilien waren relativ selten. Zum Personal oder Gesinde gehörten neben Hausknecht, Mägden und Ammen Handelsdiener, Lehrlinge und Gesellen. Das Haus war für alle zugleich Wohn- und Arbeitsstätte. Alle Hausbewohner waren dem Hausherrn Treue und Gehorsam schuldig. Dafür hatte er für sie die Fürsorgepflicht, die auch bei Krankheiten eintrat. Im Gegensatz zum Gesinde (Knechte und Mägde), über das der Hausherr personenrechtliche Gewalt hatte, waren vor allem die Lehrlinge und Gesellen in die jeweilige Zunft eingebunden, Gesellen mitunter auch in Gesellenverbände und Gesellenbruderschaften. Der Hausherr hatte für alle Hausbewohner, außer den Handelsdienern und den Gesellen, Züchtigungsrechte und war für deren Vergehen verantwortlich. Noch in der Lutherzeit mussten sie eventuelle Vergehen anzeigen und durften straffällig gewordenes Gesinde nicht im Hause behalten.[15]

Mittelalterliche Ehelehre:

Ehe = Zeichen der bleibende Zuwendung Gottes.

Ursprung der Ehe: im Paradies.

Gottes Liebe prägt, hält und erfüllt den Menschen zu jeder Zeit. Die Ehe wurde von Gott im Schöpfungsakt eingesetzt. Christus hat sie in der *Hochzeit von Kana* als ein auf ihn hin bestehendes und gnadenvermittelndes Heilszeichen bestätigt.

Ehegüter: Nachkommenschaft, Glaube, Sakrament.

Ehegrundlage: Konsens der Ehegatten. Erst die geschlechtliche Vereinigung bringt der Ehe die Einheit und Unauflöslichkeit.[16]

Da die Ehe- und Familienfähigkeit an die wirtschaftliche Selbstständigkeit und den Besitz von Haus und Herd gebunden waren[17], blieben große Teile der Bevölkerung zumindest über längere Zeit ihres Lebens unverheiratet. Zu ihnen gehörten Knechte und Mägde, Lehrlinge, Gesellen, Schüler, Studenten, Beginen und die große Zahl der Geistlichen. Das erklärt auch die Menge der Frauenhäuser, deren Einnahmen meist den städtischen Kassen zuflossen und die offiziell nur ledigen Männern offen standen, erklärt die Zahl der Wanderhuren, die Konkubinate und sogar morganatischen Ehen vieler Geistlicher.

In seiner Schrift *Wider den fälschlich so genannten geistlichen Stand des Papstes und der Bischöfe* schrieb Luther 1522 über Frauenhäuser: *Warum sehen die Frauenwirte nicht gern, daß Jünglinge ehelich werden? Ohne Zweifel, weil ihnen damit ihre Einnahme abgeht. Haben doch die Bischöfe schier in allen Stiften einen großen Teil ihrer jährlichen Einnahmen von lauter Pfaffenhuren. Denn wer ein Hürlein haben will, der muß jährlich dafür dem Bischof einen Gulden geben. Es gibt unter ihnen ein Sprichwort: Keusche Pfaffen sind dem Bischof nicht einträglich und sind ihm sogar zuwider. Wie mag es einen reicheren Frauenkrämer geben in der Welt als einen Bischof?*[18] Dabei ist aber auch zu bedenken, Frauenhäuser waren, wie in Wittenberg, städtische Einrichtungen und die Räte verdienten kräftig an der Arbeit der Huren.

Der Zölibat war und ist die Verpflichtung der geweihten, christlichen Amtsträger in der römisch-katholischen Kirche zum ehelosen Leben und zur Keuschheit. Er entstand aus der Idee, Geschlechtsverkehr sei wegen des Sündenfalls auch in der Ehe sündhaft und beflecke den Geistlichen. Darum kamen schon in vorchristlicher Zeit Forderungen nach geschlechtlicher Enthaltsamkeit der Priester vor religiösen Handlungen auf. Diese Forderung wurde in der christlichen Kirche seit dem 4. Jahrhundert immer wieder diskutiert und für die höhere Geistlichkeit gefordert, zuerst also nicht für Diakone und andere Kirchendiener. Damals konnte sich diese Forderung jedoch nicht allgemein durchsetzen. Schub bekam die Durchsetzung des Zölibats erst seit dem 11. und besonders im 12. Jahrhundert. Es war eine Zeit, in der in der Papstkirche eine hierarchische Struktur durchgesetzt wurde, an deren Spitze einzig und allein der Papst stand. Keiner der Geistlichen sollte der Einflussnahme durch seine Frau unterliegen, die Meinung des Papstes und keine andere galt es durchzusetzen. Dazu kam der Zwang der Kirche, sich wirtschaftlich abzusichern und so ein starkes wirtschaftliches Fundament zu begründen. Schließlich sollte sich in der Pracht der Kirchen die Pracht des versprochenen ewigen Lebens im Himmel und die göttliche Allmacht zeigen.[19] Alles Einkommen der Geistlichen sollte darum nicht etwa Frau und Kindern, sondern den Kirchenkassen zufließen. Der erzwungene Zölibat brachte jedoch schwere Missstände in die Kirche, denn einigen Geistlichen wurde gegen die Zahlung größerer Summen gestattet, eine oder mehrere Konkubinen zu haben.

So verliehen der Propst und Konvent von Brandenburg 1190 einem Priester und seinem Sohn ein Pfarrlehen, mit der Einschränkung, dass weitere Kinder keinen Anteil haben sollten. Priester auf dem Lande hatten allgemein Landbesitz und mussten ihren Boden bestellen, wollten sie genügend zu essen haben. Oftmals gehörte zur Pfarrstelle auch ein kleiner Hof mit Garten und Stall. Der Priester hatte Residenzpflicht, durfte sein Dorf also nicht ohne Erlaubnis verlassen, sollte nicht in die Schenke gehen und nicht direkt am Dorfleben teilnehmen wie die anderen Gemeindemitglieder, denn er nahm ihnen die Beichte ab und verfolgte die *Heiden* unter ihnen.[20] Um 1180 wurde unter den askanischen Burgwarden an der Elbe *Wittenberg* erstmals in einer Urkunde des Klosters Leitzkau erwähnt. Alle unterstanden der kirchlichen Aufsicht des Bischofs von Brandenburg.

Es gab immer wieder Bemühungen um die Aufhebung des Zölibats, wie fast 100 Jahre vor Luther durch Aeneas Sylvius Picolomini, den späteren Papst Pius II. Angesichts der Reformation und der reformatorischen Forderungen nach der Priesterehe, war der Medici-Papst Clemens VII. zeitweise sogar gewillt, den Deutschen diese zuzugestehen und Kaiser Karl V. bot den Protestanten 1548 in den Verhandlungen zum *Interim* die Erlaubnis zur Priesterehe sogar offen an. Im *Tridentinischen Konzil* wurde sie allerdings erneut verworfen und der Zölibat wieder gestärkt.[21] Die Aufhebung des Zölibats ist noch heute eine der wichtigsten und aktuellsten Forderungen besonders deutscher Kirchenkreise an den Vatikan.

Vnd sprach D. Luth: als er ein junger Knab gewesen were , da hette man die Hochzeit vnd den Ehestand für Sündlich vnd vnehrlich wesen gehalten vnd gemeinet, wenn man an der Eheleute leben gedechte so sündigete man dran. Aber wer da ein heilig vnd Gott wolgefellig leben füren wollte, der solt nicht ein Weib nehmen / sondern keusch leben / oder Keuscheit geloben ...[22]

Der in Klöstern geübte Brauch des *Kindelwiegens* in der Weihnachtszeit, der insbesondere Nonnen dazu brachte, eine Jesus darstellende Puppe inbrünstig wie ein Kleinkind zu wickeln und zu pflegen[23], wäre wohl nicht derart weit verbreitet gewesen, hätte in den hinter hohen Mauern lebenden Frauenherzen nicht dennoch ein starker Kinderwunsch bestanden.

Die aus dem Zölibat erwachsene sexuelle Not der Klosterinsassen beschrieb Luther in verschiedenen Tischgesprächen und meinte: ... *Vnd wem die Gabe der Keuschheit nicht gegeben ist, der richtet mit Fasten, Casteyen, wachen vnd anderm, so dem Leibe wehe thut, nicht aus, das er keusch bleibe.* In Erinnerung an eigenes Erleiden schätzte er ein, dass es ihm selbst bei seiner von ihm als gering eingeschätzten sexuellen Not, unmöglich gewesen sei, diese zu bekämpfen; im Gegenteil, sie wurde durch diesen Kampf gegen sich selbst immer größer: *Mir ists widerfahren, der ich doch nicht seer damit angefochten ward. Doch je mehr ich mich casteiete vnd zu macerirte, vnd meinen Leib zemete, je mehr ich brandte. Vber das, da einer gleich die Gab hat, das er one ein Eheweib keusch leben kann.* Und wendete ein, man solle schon darum heiraten, dass so man etwas gegen den Papst und seine unchristlichen Gebote tut: *Doch soll mans dem Bapst zu wider thun, der auff das Ehelose Leben dringet, vnd verbeut den Geistlichen Personen Ehelich zu werden.*[24]

Luthers Auseinandersetzung mit Zölibat und Ehe

Zu Beginn der Reformation begannen Luther und seine Freunde alle bisherigen Gewissheiten zu hinterfragen. Auch ihr Verständnis von Sexualität und Ehe wurde in der folgenden Zeit einer Prüfung unterzogen. Noch ging es ihm weder um den Fall des Zölibats noch um die Priesterehe und schon gar nicht um seine eigene Eheschließung. Diese ersten einfühlsamen und wissenden Äußerungen des zur Keuschheit verpflichteten Mönches zum Thema Liebe, Sexualität und Ehe sind schon erstaunlich. So verwundert es nicht, dass manchmal die Überlegung geäußert wird, dass er auch ein Mann war und sicher Bedürfnisse wie jeder andere Mann auch gehabt haben wird. Kann es also nicht sein, dass er womöglich schon als junger Mann oder gar als Mönch die Freuden der Liebe genossen und vielleicht sogar die Reformation eingeführt hat, um nicht mehr allein im Bett sein zu müssen? Wir müssen dieser Frage im Folgenden nachgehen.

Bevor Luther 1505 in das Erfurter Augustiner-Eremiten-Kloster eintrat, hat er sich seit dem Frühjahr 1501 an der dortigen Universität das an der Artistischen Fakultät gelehrte Wissen der *Sieben freien Künste* (Grammatik, Rhetorik, Dialektik, Arithmetik, Geometrie, Musik und Astronomie) angeeignet und schon im Januar 1505 das Examen als *Magister artium* abgelegt. Über diese Zeit seines Lebens wissen wir wenig. Sein Lebensziel in diesen Jahren war das vom Vater gewünschte Jurastudium. Ein geistliches Leben war ursprünglich keineswegs angestrebt und damit auch kein Zölibat. Im Gegenteil, die Eltern gedachten 1505 den inzwischen 21-jährigen Sohn mit einer reichen Bürgerstochter zu vermählen und hofften auf Enkelkinder. Da wir über diese Jahre nur sehr wenig wissen, können wir also auch Besuche in einem den Studenten offenstehenden Frauen- oder Freudenhaus nicht ganz ausschließen. Das endet jedoch mit dem Klostereintritt. Von nun an stand Luther immer unter ständiger Beobachtung. Irgendwer hätte sich immer finden können, der von seinen Verfehlungen berichtet hätte, und so verwundert es nicht, dass er bis zu seinem Tode alles versuchte, um weder durch eigene Verfehlungen, noch durch Verfehlungen in seinem Hause Gelegenheit zu Klatsch zu bieten. Seit 1517 musste Luther immer mehr um das eigene Ansehen und das seiner Lehre, seiner Universität, seiner Kirche fürchten. Alles Mögliche hätte dem Fortgang der Reformation schaden können. Wir dürfen also sicher sein, dass er spätestens seit seinem Klostereintritt im Juli 1505 keinerlei eigene sexuelle Erfahrungen sammeln konnte und wollte.

Anfang 1519 predigte Luther in der Wittenberger Stadtkirche erstmals über die *Hochzeit von Kana*. Seine Predigt erschien unter dem Titel *Sermon von dem ehelichen Stand* in Wittenberg und wurde noch 1519 in Leipzig, Augsburg, Basel, Strassburg und zweimal in Nürnberg nachgedruckt, fand also besonders im süd- und mitteldeutschen Raum weite Verbreitung. Wie seine theologischen Vorgänger leitete auch Luther die Bedeutung der Ehe aus der Schöpfungsgeschichte ab. Gott habe in Eva eine Gefährtin für Adam aus dessen Rippe geschaffen und gesagt, die beiden sollen ein Fleisch sein. Adam habe in Eva die ihm von Gott gegebene Gefährtin und Partnerin erkannt. Der Mann hänge seiner von Gott gegeben Frau an und löse sich für diese Verbindung von seinen Eltern. Darum solle ein Jüngling, der sich verheiraten wolle, Gott mit rechtem Ernst um ein *ehelich Gemahl* bitten. Weiter betonte er, Güter und Haus mögen die Eltern ihren Kindern vorsehen, aber ein Weib wird allein von Gott gegeben.

Immer häufiger sprach er nun in seinen Predigten von der den Frauen angeborenen und besonderen Fähigkeit zur Haushaltsführung. Wer ein gutes bürgerliches Leben führen wollte, musste seine Lebensmittel weitestgehend selbst erzeugen und verarbeiten, also Landwirtschaft und Viehzucht betreiben, sich um die Erziehung der Kinder kümmern und einen sehr arbeitsintensiven Haushalt führen. Das gelang nur in der Partnerschaft. Frauen brauten bis in das 19. Jahrhundert hinein das Bier, zogen Gemüse, Heilpflanzen und Blumen in ihren Gärten, bauten Getreide an, kümmerten sich um das Vieh, hielten das Gesinde, kochten, buken, pflegten bei Krankheiten, erzogen die Kinder und verkauften die von ihren Männern produzierten Waren und vieles mehr, alles Tätigkeiten, die erst, als sich die Männer ihrer annahmen, zu von den Männern geschätzten Berufen wurden. So lange Frauen sie ganz selbstverständlich ausübten, galten sie als verbannt zu den drei K: Kirche, Küche, Kinder. Nur: Was ist schon eine Köchin im Verhältnis zu einem Koch!

Abb. 5 *Fragmente der Lutherkanzel in der Wittenberger Stadtkirche, heute im Lutherhaus*

Bezüglich der Frauen meinte Luther, das *Weib sei geschaffen ... dem Mann zu einer geselligen Gehilfin in allen Dingen, im besonderen, Kinder zu bringen.* In seinen Augen arbeiten sie Seite an Seite und in der Ehe gleichberechtigt. So predigte er 1521: *Deshalb lernt hier, daß unser Herr Gott das vierte Gebot ehrt. Denn wo Hochzeit, das heißt Vater und Mutter ist, da muß eine Haushaltung sein, da wird Weib und Kind, Knecht und Magd, Vieh, Acker, Handwerk und Nahrung sein.*[25]

Dazu sei nach dem Sündenfall *die böse Lust* gekommen. Doch die Liebe zwischen Mann und Frau *soll die allergröst und lauterste Liebe von allen Lieben* sein. Und über alles *geht die eheliche Liebe, das ist eine Brautliebe, die brennet wie das Feuer und sucht nicht mehr denn das eheliche Gemahl, die spricht: Ich will nicht das deine, ich will weder Gold noch Silber, weder dies noch das,*

ich will dich selber haben, ich will's ganz oder nichts haben. ... Aber nun ist die Liebe auch nicht rein, denn wiewohl ein ehelich Gemahl das andere haben will, so sucht doch auch ein jeglicher seine Lust an dem andern, und das fälscht diese Liebe. In dieser Predigt findet sich einer der bekanntesten Lobsprüche Luthers auf den Ehestand: *O warlich eyn edler, großer, seliger standt der ehelich standt, ßo er recht gehalten wirt!*[26]

Die Einsichten über die Liebe und die Ehe dieses seit seinem 22. Lebensjahr im Kloster lebenden Mönches sind erstaunlich. Das Thema ließ den Seelsorger nun nicht mehr los. Im Februar

Abb. 6 *Erschaffung der Eva, Holzschnitt 1523*

1520 äußerte er erstmals, er hoffe, die Autorität eines einzuberufenden Konzils würde den Priestern wieder Ehefrauen erlauben.[27]

Johannes Aurifaber notierte eine rückblickende Tischrede Luthers, in der der Reformator erzählte, er habe sich in der Frage des Zölibats für Priester (das Zölibat der Klosterinsasssen stellte er anfangs wegen der von ihnen geleisteten Gelübde noch nicht infrage) sogar von dem Juraprofessor Hieronymus Schurff beraten lassen, *denn ich wollte mir selbs nicht trawen, vnd bat jn, er wollte mir doch aus den Decretalen vnd des Bapsts Rechten, die vrsach anzeigen, warümb den Weltlichen Priestern ein solche grosse Last vnd Gottlose Tyranne auffgelegt were. Denn von Mönchen gedacht ich damals nicht, weil sie es verlobt hatten. Allein war mirs zuthun, vmb die armen Pfarherrn, die nicht köndten haushalten ausser der Ehe- Aber er konnte mir nichts gewisses anzeigen, sondern sagte, der Bapst zwünge niemand zum Priesterlichen Stande, der stünde einem jtzlichen frey, kondte nur also nichts auf meine Frage antworten.*[28]

Das Jahr 1520 wurde das Jahr, in dem Luther in seinen Schriften *An den christlichen Adel deutscher Nation von des christlichen Standes Besserung, Von der Freiheit eines Christenmenschen* und *De captivitate Babylonica ecclesiae / Von der babylonischen Gefangenschaft der Kirche* sein reformatorisches Programm vorlegte und damit die Grundlage für den nun langsam beginnenden Aufbau evangelischer Landeskirchen.

In der *Adelsschrift* beschäftigte er sich erneut mit dem Thema Keuschheit in Kloster und Zölibat und gab zu bedenken: *Aber jetzt wird jedermann zur Pfafferei und Möncherei erzogen. … Ich will aber, um viele grobe Sünden, die einreißen, zu verhüten, treulich raten, dass weder Knabe noch Mägdlein sich vor dreißig Jahren zu Keuschheit oder geistlichem Leben verpflichten. … wenn du Gott so wenig traust, dass du meinst, dich im Ehestand nicht ernähren zu können, und nur um dieses Mißtrauens willen geistlich werden willst, dann bitte ich dich selbst für deine eigene Seele, du wolltest ja nicht geistlich werden, sondern werde eher ein Bauer oder was du sonst magst. Denn wenn einfaches Vertrauen auf Gott dazu gehört, um die zeitliche Nahrung zu erlangen, so gehört freilich zehnfaches Gottvertrauen dazu, im geistlichen Stande zu bleiben.*[29]

Luther stellte von nun an die Priesterehe frei und machte das Seelenheil zum entscheidenden Punkt der Entscheidung. Die Forderung nach der Beseitigung des Priesterzölibats wurde populär: *Zum vierzehnten: Wir sehen auch, wie die Priesterschaft gefallen ist und mancher Pfaffe, mit Weib und Kind beladen, sein Gewissen beschwert, während niemand etwas tut, ihnen zu helfen, obgleich ihnen sehr wohl zu helfen wäre ...*

Ich rate, man mache es wieder frei und lasse jedem seine freie Entscheidung, sich zu verehelichen oder nicht. Man findet manchen

rechtschaffenen Pfarrer, dem sonst niemand einen Tadel geben kann, als dass er schwach ist und mit einem Weib zuschanden worden, obwohl beide im Grunde ihres Herzens so gesinnt sind, dass sie gerne immer beieinander bleiben wollten in rechter ehelicher Treue, wenn sie das nur mit gutem Gewissen tun könnten, obgleich sie die Schande öffentlich tragen müßten; die zwei sind vor Gott verehelicht.

Und hier sage ich, ... Er nehme sie zum Eheweib, behalte sie und lebe im übrigen redlich mit ihr, wie ein Ehemann, ohne Rücksicht darauf, ob das der Papst will oder nicht will, sei gegen geistliches und fleischliches Gesetz.

Abb. 7 *Luther als Evangelist, Holzschnitt von Hans Brosamer*

Es liegt mehr an deiner Seele Seligkeit als an den tyrannischen, eigenmächtigen, frevelhaften Gesetzen, die zur Seligkeit nicht nötig noch von Gott geboten sind ... Weil der Papst nicht Macht hat, solches zu gebieten, so wenig, wie er Macht hat, Essen, Trinken und den natürlichen Ausgang oder Dickwerden zu verbieten, ...

Denn Gottes Gebot, der gebietet, dass niemand Mann und Weib scheiden soll, geht weit über das Gesetz des Papstes, und es darf nicht Gottes Gebot um des päpstlichen Gebotes willen zerrissen werden und zurückstehen...[30]

Luther legte in der *Adelsschrift* u. a. die theologischen Grundlagen für das evangelische Pfarrhaus. Ausgehend von der *Idee des Priestertums aller Gläubigen* erklärte er:

* Durch Glaube und Taufe ist jeder Christ zum Priester geeignet und geistlichen Standes.
* Pfarrer zeichnen sich darum nicht durch eine besondere Weihe, sondern durch persönliche Eignung und Wahl durch die Gemeinde aus.
* Der Pfarrer solle nach seiner Wahl durch die Gemeinde ernährt werden und dürfe heiraten, wenn er das wolle.
* Der evangelische Pfarrer ist von Gott zur Predigt und Sakramentsverwaltung in der Gemeinde eingesetzt. Er soll in der Gemeinde wohnen und einen weltlichen Haushalt führen.

Der im Konkubinat lebende Priester solle seine aus Gewissensnot geschlossene Partnerschaft als legitime Ehe betrachten, denn *die zwey sein gewiszlich fur got ehlich.* Die öffentliche Eheschließung von Priestern propagierte er hier noch nicht, wohl um sie zu schützen. Doch wurde die Frage

Abb. 8 *Der Stiftsherr mit seiner Familie, Szene aus dem Panorama „Luther 1517" in Wittenberg von Yadegar Asisi*

des Zölibats nun diskutiert und seine Aufhebung Forderung der reformatorischen Propaganda.[32]

Durch seine Vorrede zu der ebenfalls noch 1520 erschienenen *Epistola divi Hulderichi* (Brief des hl. Ulrich) wurde dieser Druck *zur ersten reformatorischen Flugschrift, die sich ausschließlich dem Priesterzölibat widmete.* Luther zeigte sich inzwischen davon überzeugt, dass die Priesterehe, im Alten Testament von Gott gestiftet, nie aufgehoben worden sei und *um der Unzucht willen solle jeder seine eigene Frau haben* und *es ist besser zu heiraten, als zu brennen.*[33]

Als seine Gegner seine Bücher, als Bücher eines Ketzers, feierlich dem Feuer übergaben und die Bannandrohungsbulle gegen ihn in Wittenberg eintraf, fühlte Luther sich veranlasst, die Bulle und die Bücher des Kanonischen Rechts im Dezember 1520 ebenfalls zu verbrennen. In seiner Schrift *Warum des Papsts und seiner Jünger Bücher von Doctor Martino Luther verbrannt sind* zählte er rechtfertigend 30 Irrtümer des Papstes und des Kirchenrechts auf, darunter:

§ 18: *Dass er dem ganzen Priesterstand die Ehe verboten hat, wodurch viel Sünde und Schande ohn Ursache gemehrt wurde, wider Gottes Gebot und Freiheit. ... Es möge keiner Gott dienen, der ehelich ist, obwohl doch Abraham und viele Heilige ehelich gewesen sind, und Gott die Ehe selbst eingesetzt hat, ohne Zweifel. Also erhebt sich der Endchrist (Antichrist) über Gott.*[34]

Nach Luthers Ächtung in Worms heirateten im Mai und Juni 1521 die ersten geweihten Priester öffentlich und übertraten damit das kirchenrechtliche Gebot der Ehelosigkeit. Pfarrer Jakob Seidler in Glashütte (Herzogtum Sachsen) heiratete seine Köchin, Pfarrer Heinrich Fuchs in Hersfeld (Hessen) heiratete und der Pfarrer von Vatterode (Grafschaft Mansfeld), Balthasar Zeiger, erklärte sein Konkubinat zur Ehe. Zeigers Landesherr, Graf Hoyer von Mansfeld, zeigte ihn beim Magdeburger Erzbischof Albrecht von Brandenburg an, worauf Zeiger noch im Juli ins erzbischöfliche Gefängnis in Halle gebracht wurde. Nun folgte eine Auseinandersetzung des Erzbischofs mit Luther, in die sich auch Karlstadt mit einer anonymen Schrift einmischte. Man zwang Zeiger, zu schwören, dass er seine Ehe aufgeben wolle, und lies ihn frei. Wegen des gegen ihn verübten Zwanges sah sich der junge Ehemann aber nicht genötigt, sich an seinen Schwur zu halten.[35]

Auch Seidler wurde verhaftet und vor die Wahl gestellt, seine Ehe zu widerrufen oder das zu Land verlassen. Mit diesen Männern begann ein langer Zug von evangelisch werdenden Geistlichen, die katholisch bleibende Länder verlassen mussten und von katholisch bleibenden Geistlichen, die evangelisch dominierte Gebiete verließen. Die Straßen füllten sich mit heimatlos Gewordenen und eine neue Heimat Suchenden.

Luthers Doktorvater, der Stiftsherr und Theologieprofessor Andreas Karlstadt, veröffentlichte am 20. Juni 1521 sieben Thesen zur Priesterehe, hielt aber die Heirat von Mönchen noch für eine Sünde, da sie ihre Mönchsgelübde brechen müssten. Luther erhielt am 3. August 1521 auf der Wartburg die ersten Druckbögen der Karlstadt-Schrift.

Inzwischen schritt ein Freund und ehemaliger Mitbruder Luthers im Wittenberger Augustinerkloster zur Tat. Der Kemberger Propst Bartholomäus Bernhardi aus Feldkirch verheiratete sich am 24. August 1521 mit der aus dem Städtchen Kemberg in der Elbaue bei Wittenberg stammenden Gertraud Pannier. Der ehemalige Mönch Bartholomäus und die Bürgerstochter Gertraud gelten heute als die Begründer des ersten evangelischen Pfarrhauses. Ihre

Eheschließung erregte großes Aufsehen und die Bewunderung des auf der Wartburg versteckten Luther. Der Magdeburger Erzbischof Albrecht von Brandenburg verlangte von Kurfürst Friedrich Bernhardis Auslieferung an sein geistliches Gericht. Bernhardi antwortete darauf mit seiner Flugschrift *Apologia pro M. Bartholomaeo praeposito, qui uxorem in sacerdotio duxit*. Die zu seiner Verteidigung von Philipp Melanchthon redigierte Schutzschrift erschien 1521 und 1522 in mehreren deutschen und lateinischen Ausgaben in Wittenberg und in Erfurt. Da der Erzbischof Bernhardis Rechtfertigung nicht als genügend anerkennen wollte, wandte sich Bernhardi in einer neuen Eingabe an Kurfürst Friedrich und bat ihn um seinen Schutz. Der Kurfürst, stets bemüht, die Macht der Bischöfe in Kursachsen zu beschneiden und sich schon gar nicht bezüglich seiner Universität in Wittenberg zu ihrem Handlanger zu machen, stellte sich vor den Theologen und ließ auch die anderen sich verheiratenden Geistlichen gewähren.

Bernhardis Eheschließung wurde Anlass und Auftakt einer von Andreas Karlstadt geleiteten Kampagne für die Priesterehe. Karlstadt leitete in seiner Schrift *Dass die Priester Eheweiber nehmen mögen und sollen* die Priesterehe vom *göttlichen Gesetz* ab, das die menschliche Seele der Verdammnis entziehen will. Seit Mitte Juni 1521 ließ er an der Wittenberger Universität über die Priesterehe und das Zölibat disputieren

Abb. 9 *Die Hochzeit Bernhardis im Beisein Luthers und des natürlich nicht teilnehmenden Kurfürsten Friedrich, zeitgenössischer Titelholzschnitt*

und propagierte die Unmoral des Konkubinats, die nur durch die Ehe überwunden werden könne.[36] Am 30. August 1521 fand in Wittenberg eine Disputation über die Mönchsgelübde statt. Luther meinte nun, selbst eine Schrift verfassen zu müssen und sandte am 9. September 1521 eine erste Thesenreihe zu Philipp Melanchthon nach Wittenberg. Als sie hier eintraf, saß der Kollege gerade mit weiteren Freunden zu Tisch. Unter ihnen war Johannes Bugenhagen und urteilte: *Diese Sache wird eine Veränderung der öffentlichen Verfassung bewirken* und das Ende der Mönchsgelübde herbeiführen. Am 8. Oktober 1521 wurden die ersten Exemplare von Luthers in lateinischer Sprache gedruckten *Themata votis* versandt. Sie wurden noch im selben Jahr in Wittenberg, Straßburg und Wien nachgedruckt. Deutsche Übersetzungen erschienen in fünf Ausgaben in Erfurt, Speyer, Worms und Straßburg.[37]

1521 stellte Luther fest, dass, wenn *man die Ehe nicht nur flieht, sondern auch in Ewigkeit ihr abschwört, das heißt den ehelichen Stand aufs höchste verachten und verunehren, und anstatt seiner nicht in einen heiligen Stand, sondern Ruhe, stilles Leben und Freude suchen wider Gottes Befehl und Ordnung.*[38]

Luthers wichtigste Eheschriften seien in diesem Zusammenhang genannt: 1519 *Ein Sermon vom ehelichen Stande*, 1522 *Vom ehelichen Leben*, 1524 *Dass Eltern ihre Kinder nicht zwingen noch hindern, und die Kinder ohne der Eltern Willen sich nicht verloben sollen*, 1529 *Der große Katechismus*, 1529 *Traubüchlein* (Ablauf der Eheschließung: Aufgebot, Trauung, Einsegnung), 1530 *Von Ehesachen*.

Da Luther noch immer auf der Wartburg war, übernahm nun Andreas Karlstadt in Wittenberg die Führung und versuchte, den Gang der Dinge zu beschleunigen. Er startete einen Propagandafeldzug. Am Weihnachtstag 1521 hielt er in der Stadtkirche vor 2000 Menschen den ersten evangelischen Gottesdienst in weltlicher Kleidung und ohne die üblichen Zeremonien. Er reichte dabei das Abendmahl in beiderlei Gestalt. An dieser ersten evangelischen Abendmahlsfeier nahmen 200 Menschen teil. Am folgenden Tag verlobte er sich mit der 15-jährigen Anna von Mochau aus Seegrehna. Nach der Tradition und dem von Luther infrage gestellten Kanonischen Recht war er damit ehelich gebunden. Allerdings fehlte noch die eine offizielle Hochzeitsfeier mit Kirchgang, Festmahl und öffentlichem Beilager. Für die geplanten Feierlichkeiten am 19. und 20. Januar 1522 ließ er ein öffentliches Einladungsschreiben drucken und sandte persönliche Einladungen an die Universität, den Rat der Stadt Wittenberg und sogar an Kurfürst Friedrich, weil *got seyne priester zu Ehelichem Standt erfordert, vnnd ynen fromen ehlichs leben vorgeschrieben hat.*[39] Zudem veröffentlichte er die von ihm neu geschaffene Liturgie seiner Hochzeitsmesse in der *Missa de nuptis.*[40] Luther versprach, er wolle nach seiner Rückkehr von der Wartburg ein Hochzeitsgeschenk überbringen und forderte den Kurfürsten auf, sich weiter hinter die sich in Kursachsen verheiratenden Priester zu stellen. Stolz erwähnte Karlstadt in seinem durch die Buchdrucker weit verbreiteten *Sendtbrif … meldende seinner wirtschaat. Nuwe gschicht von pfaffen vnd munche zu Wittenberg,* dass nun etliche Mönche aus beiden Wittenberger Klöstern (Franziskaner – Barfüßer – und Augustiner) seinem Vorbild gefolgt seien: *Ein barfusser munch ist ein schuster wor-*

*den vnd eins burgers dochter genomen Ein ander barfusser ist ein
beck worden vnd ein frawe genomen Ein augustiner ist ein schriner
worden vnd ein frawe genomen ... Mynch vnd pfaffe lassen blatten
verwassen vnd nemmen ewib.*[41]

Abb. 10 *Eheschließungen von Geistlichen, Titelholzschnitt 1522*

Die nachstehende Tabelle soll in einer kleinen Auswahl
kurz verdeutlichen, welche der reformatorisch Begeister-
ten noch vor Luthers Entschluss zur Hochzeit mit Katharina von Bora geheiratet haben:

Wann	Wer	Amt	Wen
August 1520	Melanchthon	Theologie-professor	Bürgermeister-tochter Katharina Krappe
September 1520	Johann Agricola	Theologie-professor	Else Moshauer
Mai 1521	Bernhardi	Propst, Stiftsherr, Theologie-professor	Gertraude Pannier
Mai 1521	Jakob Seidler	Priester	seine Köchin
Juni 1521	Heinrich Fuchs	Pfarrer	
Juni 1521 ?	Balthasar Zeiger	Pfarrer	Konkubine
19.1.1522	Andreas Karlstadt	Theologieprofessor, Stiftsherr	Anna von Mochau
9.2.1522	Justus Jonas	Theologieprofessor, Stiftsherr	Katharina von Falk
13.10.1522	Johann Bugen-hagen	Theologieprofessor, 1523 Pfarrer	Walpurga (?)
1522	Martin Bucer	gebannter Dominikaner-priester	Nonne Elisabeth Silbereisen
1523	Dr. jur. Johann Apel	Kanonikus, Rat des Bischofs von Würzburg, später Juraprofessor in Wittenberg	Nonne aus St. Marx in Würzburg
13.7.1523	Franz Lambert von Avignon		

Wann	Wer	Amt	Wen
April 1523	Nikolaus Demut	Propst in Halle, geheimer Rat Kardinal Albrechts	eine Nonne in Torgau
April 1523	Wenzeslaus Link		Margarete Schweizer (Vater = Bacc.)
November 1523	Anton Firn	Prediger in Straßburg	Konkubine
3.12.1523	Matthäus Zell	Prediger in Straßburg	Katharina Schütz
2.4.1524	Zwingli	ehemals Leutpriester in Zürich	Konkubine Witwe Anna Reinhart
14.6.1524	Caspar Cruziger	Theologe	Nonne Elisabeth von Meseritz
12.6.1525	Johann Briesmann	Theologe	Äbtissin im Marienkloster bei Königsberg Elisabeth Sackheim

Luther als Förderer der Hochzeiten seiner Freunde

1. PHILIPP MELANCHTHON

Zum engsten Freundeskreis Martin Luthers gehörte der aus Bretten stammende Magister Philipp Melanchthon. Der junge Schul- und Universitätsreformer arbeitete täglich von morgens um 2 Uhr bis zum Abend und erregte so die Besorgnis vieler Freunde um seine Gesundheit. Eine andere Sorge war, dass er von einer anderen Universität abgeworben werden könne. Eine Ehefrau könnte für ausreichenden Schlaf und regelmäßiges Essen sorgen. Luther, bestrebt, den jungen Freund und überragenden Gelehrten besser an Wittenberg zu binden, überredete ihn zur Eheschließung mit einer Wittenberger Bürgerstochter. Melanchthon verlobte sich am 18. August 1520 widerstrebend mit der Schwester des Gewandschneiders und späteren Wittenberger Bürgermeisters Hieronymus Krappe. Noch fürchtete er, beim Studium von der Verwandtschaft und den zu erwartenden Kindern gestört zu werden. Katharina Krappe überzeugte ihren Gatten jedoch durch *ihr frommes, sanftes und stilles Wesen*. Am 26. November 1520 fand im Beisein von Luther, dessen Eltern und Schwestern, Professoren aus Wittenberg und Leipzig, sowie von Familienangehörigen Katharina Krappes – die Mutter, ihre eine oder zwei Schwestern und drei Brüder – die offizielle Hochzeitsfeier Melanchthons statt.[45]

Der Gelehrte wurde ein liebevoller Vater und vor allem Großvater, dem mit seinen Kindern allerdings viel Herzeleid geschah.[46]

Fast überschwänglich erzählte Joachim Camerarius in einer Biografie des berühmten Freundes, Melanchthon sei nach seiner Rückkehr von der Leipziger Disputation *mit einem sehr tugendhaften Mädchen aus einer alten und führenden Familie der Stadt verlobt, welche er dann im Alter von 24 Jahren heiratete und mit der er später in sehr frommer Ehe 37 Jahre zusammenlebte, wobei er von ihr in den ersten 12 Jahren ihres Zusammenlebens vier Kinder beiderlei Geschlechts, zwei Söhne und zwei Töchter, bekam.*

Diese Frau war äußerst fromm, liebte ihren Mann sehr, war eine besonders fleißige und sorgfältige Hausherrin, gütig und wohltätig gegenüber allen. Um die Armen war sie so besorgt, dass sie durch ihr unermüdliches Geben ohne Unterschied, durch Fürbitten und dadurch, dass sie jeden denkbaren Vorteil für jene verschaffte, nicht nur ihren eigenen Besitz und ihre eigenen Möglichkeiten zu wenig beachtete, sondern zu deren Gunsten auch andere – bisweilen zu ungünstigen Zeitpunkten – störte und ihnen Vorwürfe machte.

Indessen schenkte sie, persönlich von höchster Reinheit der Lebensführung und des Charakters geprägt und in beständiger Sorge um religiöse Pflichterfüllung und Ehrenhaftigkeit, dem täglichen Leben und der häuslichen Einrichtung weniger Aufmerksamkeit.[47]

Magister Melanchthon war Theologe, aber kein geweihter Priester. Eine Eheschließung in diesen Kreisen war zu diesem Zeitpunkt absolut unüblich. Sein erstes Universitätsrektorat im Wintersemester 1523/24 wurde deshalb stark diskutiert. Besonders verletzend für die Braut dürften die unter den Wittenbergern grassierenden Gerüchte gewesen sein, sie sei nicht als Jungfrau in die Ehe gegangen.[48]

Für die jungen Gelehrten, die bisher fast ihr ganzes Leben in Männergemeinschaften verbracht und sich ihren Studien gewidmet hatten, bedeutete ihr ungeplant gewonnener Ehestand eine ganz andere Welt, in die sie sich erst hineinfinden mussten. So beschlossen Melanchthon und Agricola nach ihren kurz hintereinander stattfinden-

den Eheschließungen, mit ihren Familien zusammen-
zuziehen. Die Gelehrten hofften wohl, durch die Begrün-
dung einer neuen Gemeinschaft irgendwie ihr altes Ge-
lehrtenleben fortsetzen zu können. Doch sie stießen bei
ihrem Vorhaben auf den schweren Widerstand der Familie von Melanchthons Frau Katharina.[49] Magister Philippus
erwarb daraufhin in der unmittelbaren Nähe der Universität die ehemalige Bude des Stadtkirchenpfarrers Simon
Heins. Das kleine Haus wurde jedoch trotz aller Reparatu-
ren immer baufälliger und Mitte der 1530er Jahre auf Befehl des Kurfürsten Johann Friedrich durch den Bau des
noch immer beeindruckenden *Melanchthonhauses* ersetzt.[50]
Kurz nach der Hochzeit Melanchthons, noch im Dezember
1520, erhöhte Kurfürst Friedrich der Weise dessen Jahres-
gehalt von 60 auf 100 Gulden und sicherte damit die junge
Familie wirtschaftlich besser ab.[51] Auch der Kurfürst wusste um die Bedeutung des jungen Gelehrten für seine Wittenberger Universität und tat alles, um ihn der Universität
zu erhalten und nicht abwerben zu lassen.

Katharina Melanchthon galt unter anderem wegen der
Einschätzung ihres häufigen Hausgastes Camerarius und
wegen einer Stelle in einem Brief ihres Gatten als am Haushalt wenig interessiert. Sie könne nicht kochen, lesen wir
da, und finden heraus, dass sie es – als der Magister Melanchthon das 1527 schrieb – wirklich nicht *konnte*. Hoch-
schwanger mit einem Sohn und darum gesundheitlich
schwer angegriffen hatte sie ihren Mann begleitet, als die
Wittenberger Universität kurzzeitig wegen der Pest nach
Jena ausgewichen war. Die Wittenberger Freunde wussten,
dass Melanchthon mit seiner Aussage nicht die Kochküns-
te seiner Frau infrage stellte, sondern ihren Zustand so
kurz vor der Entbindung beschrieb.

VIVENTIS·POTVIT·DVRERIVS·ORA·PHILIPPI
MENTEM·NON·POTVIT·PINGERE·DOCTA
MANVS

Abb. 11 *Philipp Melanchthon, Kupfer-stich von Albrecht Dürer 1526*

In den kurfürstlichen Akten fand sich eine von ihr handgeschriebene Eingabe an den Kurfürsten, man möge ihr das Halten von Ziegen weiter gestatten.[52] Die Bürgerstochter Katharina konnte also ebenso gut schreiben wie die ehemalige Nonne Katharina. Allerdings erwarben die Melanchthons bei weitem nicht so viel Grund und Boden wie die Luthers. Ihre Landwirtschaft war viel kleiner als die der Freunde. Da sie dennoch, wie die Luthers, stets viele Hausgäste hatten und eine Studentenburse führten, mussten sie häufiger als die Luthers auf das Angebot auf dem Wittenberger Markt zurückgreifen und hatten dadurch noch höhere Lebenshaltungskosten[53] als diese.

Die freundschaftlichen Beziehungen zwischen den Gelehrten und ihren Familien haben bis heute in der Forschung wenig Aufmerksamkeit gefunden, doch sie lassen spannende Blicke auf ihr Selbst und ihr Wirken zu. Was waren sie für Charaktere und wie gelang es ihnen, bis in unsere Zeit weltweit zu wirken? Die Denkstrukturen in dieser Gelehrtengruppe, ihre Interaktionen, ihre Probleme miteinander, ihre Kämpfe und das Ende von einigen ihrer Freundschaften und Beziehungen können noch immer ähnlichen Gruppen spannende Impulse und Lösungsansätze geben.

2. JOHANN AGRICOLA

Wenige Tage nach Melanchthons Ja-Wort war Luther Gast auf der Hochzeit seines ebenfalls aus Eisleben stammenden Freundes Agricola.[54] Magister Johann Agricola, wie Melanchthon Theologe, aber kein geweihter Priester, heiratete am 10. September 1520 in Wittenberg Else Moshauer[55]. Eifrig dabei, Gerüchte über Melanchthons junge Frau zu verbreiten, begannen die Wittenberger nun auch, Else aufs Korn zu nehmen. Trotzdem, auch diese Ehe wurde eine sehr glückliche Ehe. Der junge Ehemann konnte allerdings trotz aller Bemühungen in Wittenberg keine passende Stelle finden und wurde Rektor der berühmten Eislebener Lateinschule. Am 27. Juni 1527 schrieb Luther: *Johann Agricola, dem Lehrer und Erzieher der Jugend und der Kinder zu Eisleben, seinem Bruder in dem Herrn. Gnade und Frieden! ... Was Du kürzlich geschrieben hast, dass meine Mutter am Kommen zum festgelegten Tag gehindert ist, habe ich erhalten. ...*

Johannes Lutherlein geht es gut, wie es einem Kindlein möglich ist. Die Mutter leidet bisher an Milchmangel und benetzt mit wenigen Tropfen seinen Gaumen. ... Grüße besonders Deine Elsa von uns. Wir wünschen ihr eine glückliche Geburt ...[56]

Tage zuvor, am 10. Juni 1527, hat Luther nicht nur an die erkrankte Else Agricola, sondern auch an ihren Mann geschrieben. Ihm riet Luther, seiner Frau nicht nur Medizin, sondern auch *das Wort Gottes* zur Stärkung zu geben. Sonst würden seine Katharina und Agricolas

Abb. 12 Johann Agricola, Holzschnitt vom Monogrammisten BI (Balthasar Jenichen), 1565

Else meinen, Gottes Wort wäre nicht auch an sie gerichtet, sondern nur an ihre Ehemänner. Deshalb solle Agricola seiner Frau einschärfen, dass sie lerne, dass es auch ihre Sache sei, wenn Gottes Wort gelehrt, gepredigt und erklärt werde. In derselben Auseinandersetzung stünde auch er ständig mit Katharina, damit sie nicht später zu ihrem Schaden erkennen müsse, dass ihr Gottes Wort gefehlt habe.

Die kranke Freundin Else wurde 1527 vorübergehend im Lutherhaus aufgenommen und von Katharina gesund gepflegt. Jedenfalls war sie Anfang Juli im Lutherhaus zu Gast, als Luther ihrem Gatten einen weiteren Brief nach Eisleben sandte und darin über Frauen als Bibelleserinnen nachdachte.[57]

Im September 1527 bedankte sich die Lutherin bei ihrer Freundin Else für die Zusendung von Elsbeeren, die sie leidenschaftlich gerne aß. Sie hätte gerne noch eine zweite Sendung erhalten. Dagegen war ihr das zum Neujahr 1527 geschenkte Kleid *fast zu kostbar*. Katharina beschaffte der Freundin in Wittenberg die gewünschten Dienstmädchen. Im Briefwechsel der Gatten und gemeinsamen Freunde wurden Grüße und Nachrichten hin- und hergesandt. So beendete Luther am 11. September 1528 seinen Brief voller Traurigkeit um sein nur wenige Monate alt gewordenes Töchterchen Elisabeth: *Lebe wohl im Herrn und grüße Deine Else mit ihren Trauben. Mein Elschen hat der Herr zu sich genommen, damit es nicht die Übel sehen sollte.*[58]

Am 18. Dezember 1536 erkrankte Luther wieder einmal schwer. Dennoch wurden am 21. Dezember Johann Agricola mit Frau Else und ihren neun Kindern wiederum im Lutherhaus aufgenommen. Zu diesem Weihnachtsfest hatte sich das Haus also mit besonders vielen Kindern gefüllt; neben den neun kleinen Agricolas auch fünf kleine Luthers, die aus den Familien der Eltern aufgenommenen Kinder und die jungen, in der Burse Katharinas lebenden Studenten.[59]

Luther reiste im Februar 1537 mit seinen Freunden und Kollegen Melanchthon und Bugenhagen wegen der Bundesverhandlungen nach Schmalkalden und beauftragte Johann Agricola, in seiner Abwesenheit nicht nur auf das Lutherhaus, sondern auch auf die Wittenberger Universität und Kirche zu achten. Seine Freundschaft mit Johann Agricola zerbrach jedoch schon im darauffolgenden Sommer und ihre Frauen Katharina und Else konnten daran nichts ändern.

3. JUSTUS JONAS

Um die Eheschließungen der meisten seiner engsten Freunde hat Luther sich persönlich gekümmert, ihnen zugeredet, bei der Wahl der Braut geholfen, bei Fürsten um Wildbret für das Festmahl gebeten und die Feier durch seine Anwesenheit bereichert. Zu seinen und seiner Frau engsten Vertrauten und Freunden gehörten der Propst der Stifts- und Schlosskirche Justus Jonas und seine Frau Katharina. Diese Katharina stammte wahrscheinlich aus der Umgebung Wittenbergs und war die Tochter des Ritters Erich Falk.

Jonas wurde schon als junger Humanist in der Gelehrtenwelt hoch geschätzt. Nach dem Tod des Stiftsherrn und Juristen Henning Goede berief Kurfürst Friedrich ihn 1521, auf Empfehlung von Luther, Melanchthon und Georg Spalatin, als Propst seiner Wittenberger Stifts- und Schlosskirche. Gleichzeitig wurde Jonas Theologieprofessor an der

Abb. 13 *Justus Jonas, Holzschnitt*

Wittenberger Universität. Da auch den Stifts- oder Domherren das Zölibat auferlegt war, war es völlig ungewöhnlich, dass sich ein derart hoher Geistlicher verheiratete. Noch immer voller Stolz auf diesen Schritt berichtete er 1543 in seinem Vorwort zur Übersetzung von Melanchthons Schrift *Defensio Conjugii Sacerdotum* über seine Hochzeit am 9. Februar 1522 in Wittenberg: *Gott lob, das ab anno domini xxj sider dem herrn Bartholomeo Bernhard, probst zu Kemberg, viel tausent priester vnd mönchen sind ehelich worden, da ich nach demselbigen herrn probst der ander oder ir drit ehlich priester ward in gantzer deudsch nation, das ich Gott danck vnd vor ein gros ehre achte.*[60]

Unter der Regie von Jonas wurde die heute als Denkmal für den Beginn der Reformation berühmte Schlosskirche evangelisch. Der Propst wohnte mit seiner Familie in der gegenüberliegenden Propstei. Er erwarb das alte Gebäude 1528 und baute es standesgemäß prächtig um. Heute befindet sich darin das Restaurant *Alte Kanzlei*, die hochgebildeten Pröpste der Schlosskirche waren im Mittelalter zugleich auch die Kanzler der Kurfürsten.

Beide Familien wohnten also etwa einen Kilometer weit voneinander entfernt am jeweils anderen Ende der Stadt. Dennoch verband man sich auch durch gegenseitige Patenschaften für die Kinder und wurden die Kleinen Spielfreunde. In zwanzig Ehejahren brachte Katharina Jonas 13 Kinder zur Welt. Die Väter tauschten sich eng über familiäre Ereignisse aus und banden ihre Familien in diesen Briefwechsel mit ein. Darum wissen wir zum Beispiel, dass das inzwischen zweieinhalbjährige Patenkind des Propstes, Hänschen Luther, nach der Gesundung von seiner besorgniserregenden Krankheit zu Neujahr 1528 von ihm *einen silbernen Hans*, eine Silbermünze mit dem Porträt des Kurfürsten Johann der Beständige, als Geschenk erhielt.

Luther berichtete dem sich in dessen Geburtsstadt Nordhausen aufhaltenden Freund am 29. Dezember 1527 überglücklich: *Meine Käthe mit dem Töchterlein Elisabeth ist wohl und lässt dich herzlich grüßen, aber herzlicher noch wünscht sie, du wärest mit deiner ganzen Familie wohlbehalten hier*[61].

In ihre Freundschaft wurden, wie bei Melanchthon, auch die Familienangehörigen der Eheleute einbezogen. Luther berichtete dem Freund zum Beispiel am 29. März 1529: *Dein Weib hat mich mit ihrer Mutter besucht. ... Bei mir sind mein Vater, mein Bruder, dessen Frau, der Mann meiner Schwester, der Vater der Knaben hier. Sie haben große Sehnsucht nach dir.*[62] Am 17. August 1529 schrieb er ihm voller Mitgefühl von der in der Stadt herrschenden großen Sorge um Melanchthon, denn: *Unserm Philippus hat der Herr am letzten Sonntag seinen Sohn Georg entrissen. Da kannst du dir denken, was wir für Mühe und Sorge haben, diesen Menschen mit seinem so zarten und empfindsamen Herzen zu trösten. Es ist zu verwundern,*

Abb. 14 *Gewölbe, das Jonas in der alten Propstei einbauen ließ*

wie schwer er diesen Tod des Sohnes trägt, der nie zuvor mit einem solchen Falle geprüft worden ist. Bitte für ihn, soviel du kannst, dass der Herr ihn tröste, auch schreibe ihm nach deiner Redekunst einen Trostbrief! Du weißt ja, wie viel uns daran liegt, dass der Mann lebt und gesund ist. Wir leiden und trauern alle mit ihm.[63]

4. JOHANNES BUGENHAGEN

Der aus Pommern stammende und dort 1509 zum Priester geweihte Johannes Bugenhagen kam im März 1521 nach seinem Studium der 1520 erschienenen Lutherschriften nach Wittenberg. Er wollte den verehrten Reformator kennenlernen und – zu seinen Füßen sitzend – dessen neue Lehre studieren. Doch Luther zog erst zum Reichstag nach Worms und wurde anschließend auf Befehl des Kurfürsten auf der Wartburg vor seinen Gegnern monatelang versteckt. Sich selbst zurückhaltend erlebte der Pommer die sich unter der Führung Karlstadts radikalisierende sogenannte *Wittenberger Bewegung*. Der Mönch immatrikulierte sich am 29. April 1521 als Student der Theologie und fand Aufnahme im Hause des frisch verheirateten Melanchthon. Dessen Frau Katharina betrieb, ebenso wie später die Lutherin und andere Professorenfrauen, in ihrem Haus eine *Burse* (eine Unterkunft für Studenten). Dadurch wuchsen die Aufgaben der Professorenfrauen, denn die Mägen der jungen Studenten wollten durch ihre Arbeit mit selbst erzeugter Speis' und Trank gefüllt sein. Aber ihre Arbeit brachte der Haushaltskasse auch einen hübschen Zugewinn. Bugenhagen war nicht nur hungrig nach Essen, sondern auch nach neuen Aufgaben und hielt schon Anfang November 1521 seine ersten Vorlesungen an der Universität. Allerdings musste er dafür zu seinem Un-

terhalt Hörergelder kassieren, was
schnell Proteste in der für ihn be-
geisterten Studentenschaft auslös-
te. Melanchthon reagierte sofort
und verhandelte schon im Januar
1522 mit Georg Spalatin, dem Ge-
heimsekretär des Kurfürsten, über
eine angemessene finanzielle Ausstattung des vielversprechenden
Theologen. Doch er hatte keinen Er-
folg. Luther griff das Thema im September erneut auf und wies Spalatin auf Versuche der Erfurter Uni-

Abb. 15 *Johannes Bugenhagen,*
Holzschnitt

versität hin, Bugenhagen abzuwerben. Er sehe in ihm jedoch *den ersten Professor in urbe et orbe nächst Philippus.*[64]
Spalatin versprach Abhilfe und mahnte, man solle Bugenhagen in Wittenberg halten. Die angemessene Bezahlung
seiner Arbeit wurde jetzt noch dringender, denn auch Bugenhagen streifte inzwischen mit der Mönchskutte die alten Fesseln ab und versuchte, sich ein bürgerliches und
professorables Leben aufzubauen.

Doch die Priesterehe galt vielen Menschen noch als
falsch und schandbar. Im Sommer 1522 löste seine erste
Braut, eine Bürgerstochter aus der Stadt, ihr Verlöbnis mit
ihm auf, weil sie sich angeblich vor der Schmach fürchtete, die die Ehefrau eines geweihten Priesters in den Augen
vieler trug. In der Kämmereirechnung von 1525 findet
sich ein hohes Bußgeld von 2 Schock Groschen, das Clara,
Jeßners Ehefrau, an die Stadtkasse zahlen musste, weil sie
sich in der Öffentlichkeit abfällig über die Lutherin und
Walpurga Bugenhagen, als Ehefrauen ehemaliger Mönche,
geäußert hatte. Durch ihre exponierte Stellung waren bei-

de Ehepaare dem Gerede und Spott besonders ausgesetzt und empfanden sich sicher in ähnlicher Lage.[65]

Am 4. September 1522 erwähnte Luther die Lösung von Bugenhagens Verlöbnis, und der am Dessauer Hof als Hofprediger tätige Dominikanermönch Peter Anspach berichtete über Bugenhagens Brautschau: *Wie sich denn der Wittenbergisch Bischof* (! – E.St.) *mit einer redlichen Maid recht verlobt und danach, da die Maid der Kauf gereuet, denn sie wollt kein Pfaffenweib sein ... hat er sich mit einer anderen verehelicht.*[66] Bugenhagen ließ sich nicht beirren, suchte weiter nach einer passenden Ehefrau und fand sie schnell in der am 1. Mai 1500 geborenen Walpurga. Über ihren familiären Hintergrund ist nichts bekannt. Neuerdings gab es wieder einmal den Hinweis, sie sei eine Schwester des aus Deggendorf in Bayern stammenden Diakons Georg Rörer gewesen.[67] Doch Rörer heiratete 1525 Bugenhagens Schwester Hanna und nach deren schrecklichem Pesttod 1527 im Kindbett eine ehemalige Nonne. Rörer und Bugenhagen sind offenbar sehr schnell Freunde geworden, doch ist das kein Grund, anzunehmen, Rörer habe in diesen unsicheren Zeiten seine Schwester aus Bayern kommen und sie sich mit dem jungen Theologen verbinden lassen.

Wieder sprang Luther einem Freund zur Seite und schrieb Spalatin, Bugenhagen werde am 13. Oktober heiraten und er bitte ihn sehr herzlich, dafür zu sorgen, dass Kurfürst Friedrich zu dieser Hochzeit etwas Wildbret stifte, *denn einmal ist er es wert, und zum andern auch unseretwegen, die wir seine Gäste sein werden. Und ob wir würdig sind, das magst du alleine beurteilen.* Am Hochzeitstage dankte Luther, denn der Kurfürst habe durch seine Gabe eine frohe Feier ermöglicht, an der viele Universitätsprofessoren teilgenommen hätten. Von den ersten Professorenfrauen ist hier, wie auch zu späteren Anlässen, nicht die Rede, was deren Teilnahme an den Feierlichkeiten, die üblicherweise nach altem Brauch stattfanden, keineswegs ausschließt. Dem Bräutigam wurde auch ein vom Kurfürsten gespendetes Goldstück überreicht, das angeblich ein Geschenk Spalatins war. Luther versicherte in seinem Dankschreiben, es werde auch Bugenhagen gegenüber geheim gehalten werden, wer der großzügige Geber wirklich gewesen sei.[68] Hochzeitsgeschenke an einen ehemals geweihten Priester, diese Kunde hätte Kurfürst Friedrichs Ansehen im Reich beschädigen können und musste also geheim bleiben.

Luther erzählte später einmal bei Tisch, dass *Herr Pomeranus, als er seine Frau in die Ehe führte, zu ihr gesagt habe: hier hast du alle Schlüssel; aber ich behalte mir das Schwert vor.*[69] Nach alter Tradition erhielt die Ehefrau als Hausherrin alle Rechte und Schlüssel, doch der Ehemann behielt sich weiter das weltliche Recht vor. Er vertrat seine Ehefrau in Rechtsfällen vor Gericht, erledigte Grundstücksgeschäfte, verwaltete ihr Vermögen und hatte für seine Familie und das Gesinde das Züchtigungsrecht.

Seit der Gründung der Wittenberger Universität im Oktober 1502 kamen sehr viele junge Männer zum Studium in die Stadt. Ihr Bedarf an Lebensmitteln, Handwerksleistungen und Wohnraum war groß und die Preise stiegen enorm an. In der Stadt setzte sofort das große Bauen ein, doch die Probleme blieben ungelöst. So klagte Bugenhagen wenige Wochen nach seiner Eheschließung Spalatin seine Wohnungsnot. Er würde sich gerne ein Häuschen kaufen, doch würden dafür 150, ja 200 Goldgulden gefordert und so viel sei ihm noch nicht *gewachsen*. Wenn der Kurfürst ihm als verheirateten Priester helfen würde,

würde er das auch gerne geheim halten und *nicht undankbar sein*. Zudem sei er noch immer der einzige Professor, der seine Vorlesungen an der Universität nicht unentgeltlich halten könne.[70]

Als am 25. September 1523 der alte und schon länger kranke Stadtkirchenpfarrer Simon Heins starb, kam es zu langen Verhandlungen über dessen Nachfolge. Am Ende setzte Luther die Wahl Bugenhagens zum Pfarrer an der Stadtkirche durch. Er konnte damit eine weitere entscheidende Position in der Stadt mit einem engen Vertrauten besetzen (an Melanchthon ging in Fragen der Universität kein Weg vorbei, Jonas machte aus der alten Stiftskirche des Kurfürsten eine evangelische Schloss- und Universitätskirche und Bugenhagen lenkte von nun an die Geschicke der Stadtkirchengemeinde). Bugenhagen konnte nun mit seiner Familie in das von seinem Vorgänger gebaute Pfarrhaus einziehen und war als Stadtkirchenpfarrer auch finanziell abgesichert. Zudem erhielt er nun auch ein Gehalt als Theologieprofessor und hatte bald genügend Geld, sich ein weiteres Haus in der Neustraße zuzulegen, wo dann seine Kühe standen, zudem konnte er Gärten und Ackerland erwerben. Die Familie des Stadtkirchenpfarrers konnte sich ausreichend mit allen Lebensmitteln versorgen und wurde relativ wohlhabend.

5. CASPAR CRUZIGER

Der in Leipzig geborene Kaufmannssohn Caspar Cruziger war gerade 20 Jahre alt, als er im Sommer 1524 in Eilenburg von Luther mit der um drei Jahre älteren ehemaligen Nonne Elisabeth von Meseritz getraut wurde.

Wohlhabende Kaufleute und Bürger hatten damals längst erkannt, dass ihre Kinder durch hervorragende Bildung in der Gesellschaft aufsteigen konnten. Dieser Kaufmannssohn gehörte zu jenen Kindern, die schon neunjährig an der Leipziger Universität immatrikuliert wurden. Als er 1521 erstmals an die Wittenberger Universität kam, war er 17 Jahre alt und kannte Luther und dessen Freunde schon von der Leipziger Disputation her. Er muss die Argumente Luthers besonders aufmerksam verfolgt haben, denn seine Familie stammte aus dem Böhmischen und stand dem dort von Luther angenommenen hussitischen Gedankengut nahe. Im Frühjahr 1523 ließ er sich erneut in Wittenberg immatrikulieren und erweiterte seine theologischen Studien um naturwissenschaftliche. Schon ein Jahr später ließ er hier einen ersten Botanischen Garten anlegen. In den 1530er Jahren hat er gemeinsam mit dem Melanchthonschüler und Mathematikprofessor Erasmus Reinhold mathematische und astronomische Studien betrieben und das Kopernikanische Weltbild in Wittenberg diskutiert. Ende des Jahres 1528 erhielt er eine Theologieprofessur und eine damit verbundene Predigerstelle an der Schlosskirche. Cruziger wurde wiederholt zum Fakultätsdekan und während des Schmalkaldischen Krieges sogar zum Universitätsrektor gewählt.

Seine Braut Elisabeth stammte aus dem uralten Adelsgeschlecht der Edlen von Meseritz in Polen. 1522 floh sie aus dem Prämonstratenserkloster Treptow an der Rega zu dem ebenfalls aus Pommern stammenden Johann Bugenhagen nach Wittenberg. Die junge Frau wurde als evangelische Kirchenlieddichterin berühmt: 1524 dichtete sie nach einem alten Weihnachtshymnus das erste Jesuslied der evangelischen Kirche: *Herr Christ, der einig Gotts Sohn, Vaters in Ewigkeit, aus seinem Herzen entsprossen, gleichwie geschrieben steht, er ist der Morgensterne, sein Glanz streckt er so ferne vor andern Sternen klar.*

Luther nahm ihr Lied ohne Nennung des Namens in das *Wittenberger Chorgesangbüchlein* von 1524 auf. 1528 wurde es im *Zwickauer Enchiridion* unter der Namensnennung *Elizabeth M.* erneut gedruckt. Im 1529 von Luther herausgegebenen *Klugschen Gesangbuch* erschien erstmals ihr voller Name *Elisabeth Creutziger*.[71] Elisabeth, von Luther als *seine liebe Else* bezeichnet, blieb lange Zeit die einzige Dichterin eines evangelischen Kirchenliedes.

Die Reformatoren haben Elisabeth offenbar sehr geschätzt. Ihre Ehefrauen schlossen, wie wir schon gesehen haben, auch untereinander Freundschaften. Die Cruzigerin oder Creutzigerin brachte der Lutherin einmal von einem Besuch der Messe in der Heimatstadt ihres Gatten ein goldenes Schmuckstück mit. Die Gegengabe der Lutherin soll allerdings nicht so wertvoll gewesen sein.[72] Der Ehe entstammten eine Tochter namens Elisabeth, die lange nach dem Tod der Eltern und Schwiegereltern den ältesten Sohn der Luthers, Hans, heiratete[73], und ein Sohn namens Caspar. Große Trauer erfüllte die Wittenberger als die Cruzigerin 1535 starb.

Ihr Witwer wurde 1536 von Luther offenbar erneut in Eilenburg getraut. Cruziger dürfte dorthin private Beziehungen gehabt haben. Zudem hat Luther Freunden wiederholt geraten, nicht in Wittenberg zu heiraten, denn hier sei das angesichts der hiesigen Preissteigerungen für Lebensmittel viel zu teuer.

Bei Cruzigers erster Eheschließung gibt es allerdings noch andere Auffälligkeiten als den Hochzeitsort. Luther, der sich immer um den Hochzeitsbraten seiner Freunde kümmerte und sich nicht scheute, dafür selbst den Kurfürsten um Hilfe zu bitten, erhielt am 12. Juni 1524, also zwei Tage vor Cruzigers Hochzeit, eine Hirschkeule als Geschenk Kurfürst Friedrichs.[74] Haben die Freunde die Keule in Eilenburg verspeist? Es wäre immerhin möglich.

Am Tage nach der Hochzeit in Eilenburg war Luther bei Herzogin Margaretha von Braunschweig-Lüneburg im Schloss in Wittenberg zu Tisch geladen und predigte auf Wunsch der hohen Frau am Morgen und am Nachmittag in der Wittenberger Schlosskirche.[75] Er muss also in der Nacht von der Feier in Eilenburg nach Wittenberg gereist sein. Ist die Fürstin, die sich zeitweise in Wittenberg bei ihrem Sohn Franz und zweitweise in Lochau bei ihrem Bruder Friedrich aufhielt, nach Wittenberg ausgewichen, damit ihr Bruder nicht mit Luther zusammentreffen musste? Angeblich haben sich der Kurfürst und der Reformator persönlich nie gesprochen.

Herzogin Margarethas Sohn Franz wurde im Wittenberger Schloss gemeinsam mit Kurprinz Johann Friedrich erzogen. Sie hatte ihn offenbar schon Tage zuvor besucht, denn Luther hat auch am 8. Juni auf ihren Wunsch zweimal in der Schlosskirche gepredigt.[76]

Am Abend des 15. Juni, also einen Tag nach der Hochzeit Cruzigers, vermerkte der Küchenschreiber des Jagdschlosses Lochau umfangreiche Ausgaben für frische Lebensmittel und andere Luxusgüter, die er ausdrücklich zum Besuch der Herzogin und für die Küche ihres Bruders, des Kurfürsten Friedrich der Weise, beschafft hatte:

1 gr 8 d für 2 Schock Krebse zu
10 d 3 gr für 6 Kannen dicke Milch
3 gr für 12 Kannen dünne Milch
2 gr für frische Butter
1 Gulden 2 gr 10 d für 6 ½ Schock Eier
1 gr für Kresse und Salat
4 gr für Erdbeeren
2 Gulden 1 ½ gr für 5 ½ Wispel Kohlen zu
9 gr, inkl. Fuhrlohn

An Vorrat:
37 Hechte 41 Pfund,
1 Schock 22 Karpfen, 93 Pfund
15 Heringe und 6 Stockfische

Gewürze:
13 Lot Safran, davon 7 Lot dem Herrn
2 Pfund Ingwer, davon 1 Pfund dem
Herrn, 2 Pfund Pfeffer, davon 1 Pfund
dem Herrn, 14 Lot Nelken, davon 8 Lot
dem Herrn, 12 Lot Zimt, davon 8 Lot dem
Herrn, 6 Lot Muskat – dem Herrn (!)
20 Pfund Zucker, davon 17 Pfund dem
Herrn

Gemüse:
4 Pfund Zwiebeln, 10 Pfund kleine
Rosinen, 6 Pfund Kapern
10 Pfund Reis

Keller:
22 Eimer, 24 Kannen die Woche allhier,
darunter 3 Eimer des Herren Wein
1 ½ Eimer Gorrenberger der gn. Frau von
Lüneburg, 2 Eimer zu Essig, 9 Gulden
1 ½ gr für 3 Fass Torgauer Bier, Vorrat
1 Faß Speisebier, 5 Faß Torgisch und
4 ½ Speisebier

Speisekammer:
6 gr 8 d für 2 Schock 40 Semmeln
davon 35 in die Küche, 19 ½ Schock Brot
davon 5 Schock zu Scheiben
2 ½ Schock in die Küche
1 Schock 4 Brote auf 32 Fronleute

Verbacken:
49 Scheffel die Woche für 147 Schock Brot
7 gr Backlohn 2 Backmayden und 1 Helfer

Kammer:
25 ½ gr Waschlohn von 153 Stück
7 gr Machelohn von 4 schwäbischen
Tüchern, 5 Quelen (Handtücher)
6 Pfund Licht, Futter: 24 Scheffel auf
72 Pferde

Dazu kamen Botenlöhne nach Weimar, wohl zu Herzog Johann, und
Gelder zum Kauf von einigen Nach-
tigallen[77], deren Gesang der Kurfürst
besonders liebte.

Während er selbst noch immer am Klosterleben festhielt, hatte Luther die Eheschließungen seiner geistlichen Freunde mit Freude und Tatkraft begleitet. Ihm waren die dadurch heraufbeschworenen Gefahren für ihr Leben durchaus bewusst, doch wuchs im Laufe der Jahre seine Einsicht, dass der Mensch zur ehelichen Gemeinschaft geschaffen sei und nicht zum zölibatären Leben. Heirateten anfangs nur nichtgeweihte Theologen, wie Melanchthon und Agricola, so gerieten bald die oftmals nicht freiwillig abgegebenen und dadurch ungültigen Klostergelübde der Freunde in seinen Fokus. Mönche und Nonnen traten in der Folge aus ihren Klöstern aus und nahmen ein bürgerliches Leben auf, zu dem auch die Eheschließung gehörte. Damit stand der Reformator vor der Aufgabe, den Ehestand neu zu bewerten und ihm in den protestantischen Kirchenordnungen eine neue Grundlage zu schaffen. Als Prediger und Seelsorger blieben ihm aus Ehen resultierende Probleme und Sorgen nicht verborgen. Auch ihnen galt in der Folge seine große Aufmerksamkeit, die bis hin zur Gründung der evangelischen Konsistorien reichte, die dann bei Eheproblemen eingriffen.

Durch die Ehe kam es zur raschen Verbürgerlichung des Lebens der evangelischen Geistlichen. Hatten diese zuvor weder Steuern noch andere Pflichten für die Gemeinde geleistet, so verloren sie nun ihre Steuerprivilegien, konnten in die Bürgerschaft aufgenommen werden und Bürgerrechte erlangen. Ehemalige Mönche und einige ehemalige Nonnen ergriffen bürgerliche Berufe. Evangelische Prediger wurden von ihren Gemeinden oder städtischen Magistraten berufen und erhielten auf diese Weise Zugang zur städtisch-bürgerlichen Rechtssphäre. Sie profitierten meist von den bürgerlichen Lebensverhältnissen.

Doch an Orten, in denen das Kirchengut nicht den *Gemeinen Kästen* zugeschlagen wurde und in vielen Dörfern kamen Prediger und ihre Familien oftmals in schwere Existenznöte.[78]

Die rechte Partnerwahl

MARTIN LUTHER ALS BRÄUTIGAM

Die ehemaligen Priester, Mönche und Nonnen verdankten ihr neues und im Bürgertum verhaftetes Eheleben Martin Luther. Doch ausgerechnet er blieb weiter in seinem Kloster, trug weiter die dunkle Mönchskutte der Augustiner, legte weiter an der Universität die Bibel aus, hielt in der Stadtkirche Gottesdienste und widmete sich dem beginnenden Aufbau seiner neuen Kirche. 1524 verfasste er seine Schrift *Dass Eltern ihre Kinder zur Ehe nicht zwingen noch hindern, und die Kinder ohne der Eltern Willen sich nicht verloben sollen.*

Da man üblicherweise in seinem eigenen Lebenskreis, also innerhalb der Handwerkszunft, der Universität, zwischen reichen Bauern, in seiner Adelsschicht und so weiter seinen Lebenspartner suchte, hatten die Familien großen Einfluss auf die Partnerwahl ihrer Angehörigen. Die Liebe komme von allein, meinte man. Andererseits wehrten sich auch viele junge Leute – und besonders Studierende – gegen diese Praktik und heirateten ohne Einverständnis ihrer Eltern. Diese heimlichen Verlobungen waren nach Luthers Verständnis nicht gültig. Eine gültige Eheschließung brauche ein bedingungsloses und mit elterlicher Einwilligung zustande gekommenes Verlöbnis und die Vollziehung der ehelichen Gemeinschaft im Bett oder öffentlichem Beilager. Erst dadurch werde die in der Verlobung geschlossene Ehe zum Ehestand.

Heimliche Verlobungen blieben auch in den Reformatorenhäusern und ihren Familien Thema. Bei Tisch betonte Luther: *Dagegen sol man niemand zur Ehe zwingen. Sondern sie soll jederman frey gelassen vnd seinem Gewissen heimgestellet werden zu verantworten. Denn zur Brautliebe kann niemand gedrungen vnd gezwungen werden.*[79]

Nachdem er seine Mönchskutte endgültig abgelegt hatte, wollte Luther das *Schwarze Kloster* Ende 1524 verlassen und sehen, wo Gott ihn ernähre. Auch ihn ergriff die Frage nach seinem Auskommen. Kurfürst Friedrich der Weise schenkte ihm das ehemalige Augustinerkloster samt Klostergarten und Haus an der Straße; Friedrichs Nachfolger Johann und Johann Friedrich haben die Schenkung bestätigt. Solange Luther lebte, waren seine Häuser *Freih*äuser. Die Stadt konnte keine Steuer daraus ziehen. Sie hatte dem Kloster in seinen Anfängen das Recht verliehen, 12 Gebräude Bier jährlich zu brauen.[80] Dieses ungewöhnlich wertvolle Braurecht hat die Lutherin dann genutzt und durch den Verkauf von Selbstgebrautem zum Familieneinkommen beigetragen.

Luther hat sich im März oder Anfang April 1525 zur eigenen Eheschließung durchgerungen. Wir dürfen davon ausgehen, dass er seinem Vater Hans in dem bereits erwähnten Gespräch zwischen ihnen Anfang Mai nicht nur mitgeteilt hat, dass er sich verheiraten wolle, sondern ihm sehr wahrscheinlich auch den Namen der Auserwählten genannt hat. Nur so konnte er den Eltern zeigen, dass er sich endlich ihrem Gebot, zu heiraten und Kinder zu zeugen, unterwerfen wolle. Zudem benötigte er, wie wir gesehen haben, das Einverständnis der Eltern.

Der Reformator wusste ganz genau, dass seine Hochzeit große Diskussionen hervorrufen würde und dass jeder seiner Schritte und die seiner Braut äußerst aufmerksam verfolgt werden würden. Überall waren Menschen, die nach außen berichteten. Alles konnte seine Lehre in Gefahr bringen. Er hatte zwar dem Kurfürsten gegenüber von einer ihm möglichen sexuell enthaltsamen *Josephsehe* gesprochen, doch waren die Zeugung und Aufzucht von Nachkommen seiner Meinung nach die wichtigste Aufgabe von Eheleuten und ihr Wirken die Grundlage der menschlichen Gesellschaft. Sein Entschluss zu heiraten, barg neue Gefahren. Was, wenn eines seiner Kind behindert gewesen wäre? Hätte man darin nicht ein Zeichen dafür gesehen, dass seine Lehre des Teufels sei? Das mit jeder Geburt verbundene Risiko für Mutter und Kind war damals sehr hoch. Zudem prophezeite zum Beispiel der berühmte Erasmus von Rotterdam: *Von einem Mönche und einer Nonne werde der Antichrist gezeugt werden.*[81]

Aber es galt noch anderes zu beachten. Auch zur Lutherzeit konnte die Ehe zur Hölle werden. Luther hatte das *Kanonische Eherecht* im Dezember 1520 mitsamt der *Bannandrohungsbulle* dem Feuer übergeben. In den folgenden Jahrzehnten galt es, ein neues Eherecht zu schaffen und Einrichtungen, wie die Konsistorien, die in den äußersten Fällen, wie Scheidungen, hinzugezogen werden konnten. Woher wussten Luther und seine Freunde, dass ihnen ihre Ehen geraten würden?

Aurifaber notierte in seinen Mitschriften der Tischreden, Luther habe über die Gründe seiner Eheschließung gesagt: *Ich hab ein Weib genomen auch darümb / das ich wider den Teufel trotzen könne / zu schanden der Hurerey jm Bapsthumb / vnd wenn ich keine hette / so wolte ich doch nu in meinem alter eine nehmen / ob ich gleich wüste / das ich keine Kinder köndte mit jr zeugen / Nur allein dem Ehestande zu ehren / vnd zu verachtung vnd schande der schendlichen Vnzucht vnd Hurerey im Bapsthum / die seer gros vnd grewlich ist.*[82]

KATHARINA VON BORA – KLOSTERLEBEN, KLOSTERFLUCHT UND ERSTE LIEBE

Katharina von Bora, die spätere „Lutherin", wurde wahrscheinlich am 29. Januar 1499 auf Gut Lippendorf im Süden Leipzigs geboren. Sie war 15 Jahre jünger als ihr späterer Gatte Martin. Nach dem Tod der Mutter Katharina von Bora, geb. von Haugwitz, im Jahre 1504, brachte der Vater Hans von Bora das fünfjährige Töchterchen als Pensionistin in das nördlich von Halle/Saale gelegene Augustinerchorfrauenstift St. Clemens zu Brehna. Das Kloster ist im Sommer 1201 durch die Gräfin Hedwig von Brehna gestiftet worden. Die Brehnaer Chorfrauen (Nonnen) trugen ein schwarzes Unterkleid mit langem Rock und ein leinenes hemdartiges weißes Übergewand. Ihren Kopf bedeckten sie mit einem weit über ihre Rücken fallenden mit roten Kreuzen bestickten schwarzen Tuch. Sie hatten ihr Gelübde abgelegt und Armut, Ehelosigkeit, Demut und Gehorsam geschworen. Bei ihrem Eintritt ins Kloster mussten sie eine größere Geldsumme, Grundstücke oder Renten als Mitgift einbringen. Neben dem Beten und den Gottesdiensten, spannen, webten und nähten sie für ihren eigenen Bedarf. Einige Nonnen widmeten sich der Krankenpflege, andere unterrichteten die ins Kloster gegebenen Töchter wohlhabender und vor allem adeliger Familien, wie die kleine Katharina von Bora.[83] Spätestens nach einer Klosterreform im Jahre 1451 wurde für die Mädchen eine Stiftsschule eingerichtet. Das Kloster war angesehen und stand stets in der Gunst seiner Landesherren, der Herzöge und Kurfürsten von Sachsen-Wittenberg. Vom hohen Niveau des Klosters und seinen guten Beziehungen zu den sächsischen Kurfürsten zeugt ein Dankbrief der Priorin vom 16. August 1512 an

Kurfürst Friedrich den Weisen: für *das ebenso schöne wie kostbare Gerät … mit welchem E. F. G. unser Kloster begabt haben zum Lobe des allmächtigen Gottes und zur Ehre unseres Klosters … E. F. G. zeigen sich gegen uns nicht anders als ein frommer Vater gegen seine Töchter …* Am 13. Dezember 1514 sandte sie dem Kurfürsten voller Stolz ein von einer Brehnaer Nonne handgeschriebenes Gebetbuch.[84] Das Kloster blühte zu diesem Zeitpunkt noch immer und bot seinen Insassinnen den Zugang zu Bildung.

Die inzwischen zehnjährige Katharina erlebte diese Ereignisse in Brehna nicht mehr mit. Ihr Vater Hans von Bora holte seine Tochter 1509 aus Brehna ab und brachte sie als Kostkind in das Zisterzienserinnenkloster Maria Himmelthron in Nimbschen bei Grimma. Das festgelegte Mindestalter der aufgenommenen Kostkinder war in Nimbschen zehn Jahre[85]. Katharina kam also zum frühest möglichen Zeitpunkt nach Nimbschen. So erklärt sich auch, warum sie zuerst nach Brehna gegeben wurde und erst dann nach Nimbschen – Brehna nahm auch jüngere Kinder auf. Im Gegensatz zu Brehna, das sich auf dem Territorium des Kurfürstentums Sachsen befand, lag Nimbschen, wie das Gut Lippendorf des Vaters, im Herzogtum Sachsen. Zudem lebte seit 1502 auch Katharinas Tante Magdalena von Bora hier. Magdalena übte seit 1503/04 das Amt der Siechenmeisterin aus, pflegte also die Kranken. In den überlieferten Archivalien des Klosters finden sich seit 1509/10 Listen der Kostkinder. Aus ihnen geht hervor, dass man zwischen drei und zehn Kinder gleichzeitig betreute und einige der Kostkinder, die im Gegensatz zu den fast immer adeligen Nonnen, auch aus bürgerlichen Familien der weiteren Umgebung stammten. Die Bürgerstöchter wurden offenbar nicht unbedingt auf das Klosterleben vorbereitet, sondern sollten an der Klosterschule gebildet werden und dann heiraten. Offenbar geschah das getrennt von den aus adeligen Familien stammenden Mädchen, wie Katharina, die von ihren Familien meist ins Kloster gegeben wurden, um dort Nonnen zu werden. Die mittelalterliche Ständegesellschaft reichte bis in die Klosterwelt hinein und man kann sich gut vorstellen, dass ihre adelige Geburt, die sie in den Stand der Nonnen führte, das Standesbewusstsein der Klosterfrauen zusätzlich beförderte.

Auch Katharinas neues Kloster Maria Himmelthron in Nimbschen war wohlhabend und besaß viele Ländereien, für deren Betrieb die immer in Klausur lebenden Nonnen nicht zuständig waren. Zu ihrer Klausur in den Gebäuden um den Kreuzgang herum gehörten im Norden die Klosterkirche mit Nonnenempore und zwölf Altären, im Osten ein Gebäude mit dem Kapitelsaal im Erdgeschoss und den Schlafräumen der Nonnen im Obergeschoß, im Süden ein Gebäude mit Wärmestube, Speisesaal und Küche. Die im Westen stehenden Gebäude des Klosters befanden sich außerhalb der Klausur und waren darum für die Nonnen nicht zugänglich. Innerhalb der Klostermauern gab es eine Mühle, ein Backhaus, ein Brauhaus, ein Schlachthaus, eine Schmiede, Scheunen, Viehställe, Kräutergärten, Obstgärten, eine Ziegelscheune, einen Fischteich, ein Tuchmacherhäuschen und den Friedhof. Als die zehnjährige Katharina im Jahre 1509 hier eintraf, lebten im Kloster 44 Nonnen, Kostkinder, fünf Laienschwestern und 39 Tagelöhnerinnen und Tagelöhner.[86] Der unbedingte Wille der Zisterzienser zur Askese zeigte sich nicht nur in ihrer Enthaltsamkeit im Essen, Schlafen und anderen Dingen des täglichen Lebens, sondern vor allem in ihrer Baukunst. Zisterzienserklöster wurden fast überall nach dem gleichen Plan gebaut. Auch wenn das Kloster Nimbschen heute zerstört ist, kann man sich doch in einem anderen Zisterzienserkloster ein Bild davon machen, wie schlicht und doch eindrucksvoll die Umgebung Katharinas in ihrer Zeit in Nimbschen gewesen ist. Zudem war der Klosterbau, ähnlich den Kirchen und Domen, ein Abbild des Himmels. Er durfte die Andacht der Klosterinsassen nicht stören, sollte ihnen aber dennoch die Ewigkeit und den versprochenen Himmel vor Augen führen. Dabei gab es weder die im Mittelalter besonders bei der Gestaltung der Kirchenfenster übliche üppige Farbigkeit, noch Bauschmuck oder gar Türme. Wichtig war jedoch der Lichteinfall durch die Fenster, deren Bau sich nach dem Stand der einfallenden Sonne richtete.

Ende April 1509 und erneut 1512 wurde das Kloster Nimbschen durch den mit seinem Schutz beauftragten Abt Balthasar von Kloster Pforte visitiert. Dabei bezeichnete der Abt das in der Benediktinerregel vorgeschriebene Schweigen als Schlüssel geistlichen Lebens und mahnte zur strikten Beachtung der Klausur und Erziehung der Mädchen zum jungfräulichen Ideal. Die Aufsicht durch die Äbtissin über die Klosterinsassinnen solle streng sein. Niemand dürfe Geschenke von außen annehmen. Darum seien die Gitter, durch die die Nonnen mit den sie besuchenden Verwandten sprechen durften, möglichst undurchlässig zu machen. In der Kirche durften die Nonnen nur die in den Ordensstatuten vorgeschriebenen Lieder singen. 1512 mahnte er erneut die Einhaltung des Stillschweigens und die regelmäßige Teilnahme an den Gebeten an. Die Nonnen sollten miteinander friedvoll und barmherzig umgehen. Die Klausur solle dringend eingehalten und die Kostkinder gut erzogen werden. Das Kloster sei Ort der umfangreichen Heilsvermittlung, die christlichste aller Möglichkeiten, Gnade vor Gott zu finden.

Nonnen galten als *Bräute Christi*, ihre Aufnahme ins Kloster wurde wie eine Hochzeit gefeiert. Luther schrieb 1529 darüber: *Weil man denn bisher mit den Mönchen und Nonnen so trefflich großes Gepränge betrieben hat in ihrem Einsegnen, so doch ihr Stand und Wesen ein ungöttlich und lauter Menschengedicht ist, das keinen Grund in der Schrift hat, wieviel mehr sollen wir diesen göttlichen Stand ehren und mit viel herrlicher Weise segnen, beten und zieren?*[87] Durch ihre enge Beziehung zum Heiland sah man die Bräute Christi auf dem Weg zum ewigen Leben, zu Einkehr und Frömmigkeit. Dazu trugen gewiss die große Reliquiensammlung des Klosters und die Heiligenverehrung an den zwölf Altären in der Klosterkirche bei, die auch Ziel einer Wallfahrt war. In Nimbschen standen den Nonnen die Heiligen und deren Verehrung immer vor Augen. Das Zisterzienserinnenkloster besaß immerhin 367 Reliquien, darunter Reste *von der Krippe in Bethlehem und ihrem Stroh, Haare und ein Schleier von Jesu Mutter Maria* und sogar einen *Dorn der Dornenkrone Christi.*[88]

Z udem sollten die Nonnen immer im Bewusstsein haben, dass sie ihre Gelübde nicht brechen dürfen, weil sie sonst *ohne Zweifel die Verdammnis erlangen würden*, wie der für das Kloster zuständige Abt 1512 bei seiner Visitation an ihre Gewissen appellierte.[89] Bei ihrem Klosteraustritt im Jahre 1523 hatten die betroffenen Nonnen sich also auch mit diesen, ihre Seele schwer bedrohenden Aussichten der ewigen Verdammnis, auseinanderzusetzen.

Die inzwischen fünfzehnjährige Katharina absolvierte 1514/15 ihr einjähriges Noviziat, legte am 8. Oktober 1515[90] vor der Äbtissin und dem Vater Abt aus Pforta ihre Gelübde ab und wurde als Mitglied des Konvents eingekleidet. Damit schien ihr Schicksal für immer entschieden. Doch das Klosterleben bot den jungen Frauen damals auch die einzige Möglichkeit, *ehelos in einer Gemeinschaft und mit Gleichgesinnten zu gemeinsamer Lebensbestätigung und Heiligung zu leben und zu arbeiten. Die Frauenklöster des Mittelalters haben … vor allem gezeigt, wie gerade diese Lehre der Frau den Weg zur freien Existenz und zur Verselbständigung ihres Geschlechtes eröffnet hat.* Das merkte Ludwig Andreas Veit 1936[91] zu den bei Frauen im Mittelalter sehr beliebten Klostereintritten an und widersprach damit der gänzlich ablehnenden Haltung evangelischer Gelehrter. In Nimbschen lernten Katharina und ihre Freundinnen lesen, schreiben, singen, sticken und etwas Latein. *Die Zeit im Kloster verschaffte ihr nicht nur eine über das übliche Maß hinausgehende Bildung, sondern auch Einblicke in die Steuerung und Lenkung eines komplexen landwirtschaftlichen Betriebes*[92], wie er auch in Nimbschen zum Reichtum des Klosters beitrug. Diese Meinung könnte allerdings etwas übers Ziel hinausschießen, denn die Nonnen durften die Klausur nicht verlassen und haben dadurch viele Bereiche des Klosterlebens nicht kennenlernen können. Sie waren von der Welt außerhalb der Klausur völlig abgeschlossen.

Trotzdem schrieben kurfürstlich-sächsische Räte zwei Jahre nach Beginn der Reformation, am 30. Oktober 1519, an Abt Petrus von Pforte und forderten ihn nach Beschwerden seitens einiger Verwandter der Nonnen auf, die *Misshelligkeiten* im Kloster Nimbschen abstellen zu lassen.[93] Auch wenn die Misshelligkeiten nicht näher beschrieben wurden, darf man davon ausgehen, dass es sich schon um erste Reaktionen auf die reformatorischen Ereignisse in

Kursachsen handelte. Es ist also möglich, dass Katharina und ihre Freundinnen schon 1519 erste Kenntnis von Luthers Ideen hatten. Gewiss waren ihre Seelen durch die Androhung der ihnen drohenden Verdammnis für den Bruch ihrer Gelübde schwer belastet. Andererseits hielt Luther ihnen die Nichtigkeit der von ihnen nicht freiwillig geleisteten Klostergelübde vor. Sie wussten, auf die Klosterflucht stand die Todesstrafe. Dennoch wandten sie sich an ihre Familien und baten sie, in deren Schoß zurückkehren zu dürfen. Doch die Familien lehnten alle ab. Die meisten von ihnen lebten unter der Herrschaft Herzog Georgs, der Lutheraner schwer verfolgte, ihr Leben und ihren Besitz bedrohte. Wovon sollten die Frauen ohne die Unterstützung ihrer Familien leben? Jede einzelne der zum Gehen entschlossenen Nonnen hatte sich viele Fragen zu stellen. Und doch fanden etliche zueinander und planten das Ungeheuerliche: ihre Klosterflucht. Wie das geschah und wie sich die Frauen miteinander besprechen konnten und trotzdem alles geheim geblieben ist, erscheint angesichts des Durchgreifens des Abtes rätselhaft. Dennoch gelang es ihnen erfolgreich, Luther im kursächsischen Wittenberg um Hilfe zu bitten.[94]

Aus Anlass von Katharinas 500. Geburtstag wurde 1999 gefragt, wie es möglich gewesen ist, dass Lutherschriften in das Kloster Nimbschen hineinkamen. Man wies dabei erstens auf den Prior des Augustinerklosters Grimma, Wolfgang von Zeschau, hin, einen Onkel von zweien der mit Katharina aus dem Kloster Nimbschen geflohenen Nonnen. Zeschau hatte seinen Ordensbruder Luther 1516 kennengelernt und ist unter dem Eindruck der Schriften des Reformators 1522 aus dem Kloster ausgetreten. Er ist dann in Grimma geblieben und hat dort seinen Unterhalt als Spitalmeister verdient.

Zweitens wurde an den Torgauer Großhändler Leonhard Koppe erinnert, der legendär geworden ist, weil er die in Heringsfässern versteckten Nonnen aus dem Kloster gebracht haben soll.

Drittens sei an eine von Wolfgang Stöckel in Grimma im besonders kleinen Format gedruckte Ausgabe der Lutherschrift *Vom ehelichen Leben* zu denken, die man womöglich ins Kloster geschmuggelt hat.[95]

In der Osternacht gedenkt die Christenheit mit besonders festlichen Gottesdiensten der Auferstehung des Herrn. Dazu versammelt man sich auch heute noch in den Gemeinden und den Klöstern zum gemeinsamen Gottesdienst. Und doch gelang neun Nonnen des Klosters Nimbschen in der Osternacht am 5. April 1523 mit Hilfe von Torgauer Bürgern die Flucht aus ihrem Kloster. Um 1600 vermerkte ein Torgauer Chronist, der Kaufmann Leonhard Koppe habe die Nimbschener Klosterjungfrauen *mit sonderlicher List und Behendigkeit aus dem Kloster entführet, als führete er Häringstonnen.*

Als führe er Heringstonnen? Erst ein späterer Chronist nahm den Konjunktiv weg und war sich sicher, die Heringsfässer seien leer gewesen und hätten darum von den fliehenden Nonnen als Versteck genutzt werden können. Koppe habe einen für Transporte üblichen Planwagen benutzt.[96] Diese Berichte sind dann später weiter legendär ausgestaltet worden: eine Legende, die noch heute in vielen Köpfen steckt.

Fragen wir uns also einmal, was daran wahr sein kann: Wer war der Kaufmann Leonhard Koppe? Er wurde 1464 von Helene von Amsdorf, verheiratete Koppe, in Torgau geboren und hat in Leipzig und Erfurt studiert. Über seine Mutter dürfte er verwandtschaftliche Beziehungen zu

Luthers Freund Nikolaus von Amsdorf gehabt und durch den gelehrten Verwandten Luther kennengelernt haben. Von 1504 bis 1509 ist er als Ratsherr in seiner Heimatstadt nachweisbar und von 1510 bis 1519 sogar als Amtsschösser. Der umtriebige Mann besaß in Torgau ein Stadtgut und eine Fremdenherberge. Er belieferte das Kloster Nimbschen mit Hilfe von fremden Fuhrwerken, darunter auch solchen, die ihm der Klostervorsteher sandte. Koppe lieferte vor allem Lebensmittel wie Fische und das berühmte Torgauer Bier. 1523 war er mit 59 Jahren ein schon relativ alter Mann. Bei der Durchführung der Flucht wurde er von seinen Verwandten Erasmus Koppe, Hans Berstecher und Wolf von Dommitzsch unterstützt.[97]

Richtig dürfte also sein, dass Koppe dem Kloster für das vierzigtägige Passionsfasten vor Ostern in Eichentonnen eingesalzene Heringe geliefert hat. Heringstonnen enthielten damals üblicherweise etwa 900 bis 1000, manche sprechen sogar von 1200, ausgenommene und eingesalzene Heringe.[98] Wie groß werden diese Fässer gewesen sein? Passte ein Mensch hinein? Und dann sollten wir überlegen:

Abb. 16 *Frachtwagen, wegen der schlechten Straßen von drei Pferden gezogen, zeitgenössischer Holzschnitt*

im Kloster lebten damals etwa 40 Nonnen, 9 Kostkinder, wenige Laienschwestern, der Klostervorsteher mit seinem Personal, der Beichtvater. Waren es etwa 60 Personen, die mit 1000 Heringen aus einem Fass versorgt worden sind? Die überlieferten Klosterkochbücher der Zeit enthalten eine Vielzahl von fleischlosen Gerichten, die damals in der Fastenzeit serviert worden sind, beileibe nicht nur Heringe! Da neun Nonnen flohen, hätte man der Legende zufolge für jede ein Heringsfass benötigt, also etwa 9000 Heringe geliefert bekommen! Ist das wahrscheinlich?

Doch weiter: Koppes Gehilfen mussten mit den Nonnen im Herzogtum Sachsen auf heimlichen Wegen gut 50 km weit fahren und dabei eine Muldefurt durchqueren. Üblicherweise haben Frachtwagen aber auf den üblichen Wegen nur viel kürzere Strecken am Tag geschafft. Mussten sie auf dieser sehr beschwerlichen und gefährlichen Fahrt einen Zwischenstopp hinter der herzoglichen Grenze einlegen? Darüber wird nichts berichtet. Wie auch immer: Als die Nonnen in Torgau eintrafen, dürften alle Beteiligten seelisch und körperlich erschöpft gewesen sein – und doch mussten sie nach kurzer Rast weitere 50 km bis nach Wittenberg weiterfahren. Sie trafen hier am 7. April ein und wurden gewiss voller Freude über ihre gelungene Flucht von Luther begrüßt.

D er 7. April 1523 war der Tag, an dem Martin und Katharina von Bora sich zum ersten Mal gesehen haben, nicht ahnend, dass sie einmal heiraten, Kinder haben und eine glückliche Ehe führen würden.

Der Reformator hat am Nachmittag dieses Tages in seiner Predigtkirche, der Stadtkirche St. Marien, über die wahren guten Werke gepredigt und in seiner Predigt sowohl die Heilige Messe gegen den deutschen Gottesdienst als auch die Klostergelübde gegen den Ehestand gestellt.[99] Die Klosterflucht sollte den Wittenbergern auf keinen Fall als verwerflich erscheinen.

Die Ankunft der geflohenen Nonnen wurde sicherlich zum Stadtgespräch. Sie wurden in verschiedenen Familien untergebracht. Katharina von Bora fand angeblich Unterkunft bei Lucas Cranach d. Ä. Feronica und Margaretha von Zeschau wohnten zunächst bei ihrem Verwandten Bernhardt von Hirschfeldt. Hirschfeldt nahm wahrscheinlich auch Ave und Margaretha von Schönfeldt auf. Luther sorgte sich um ihr Auskommen[100], denn sie trugen immer noch ihr Klosterhabit und besaßen sonst nichts. Er bat überall um Hilfe für die bedürftigen Frauen, auch beim Kurfürsten.

Einen Tag nach ihrer Ankunft verfasste er einen Sendbrief *Ursache und Antwort, daß Jungfrauen Klöster göttlich verlassen mögen* und widmete ihn dem Organisator der Flucht Leonhard Koppe, denn: *Also habt ihr auch diese armen Seelen aus dem Gefängnis menschlicher Tyrannei geführt – eben um die rechte Zeit zu Ostern, da Christus auch das Gefängnis der Seinen gefangen nahm.*[101] Luther wollte die umstrittene Klosterflucht öffentlich machen, sie theologisch rechtfertigen und andere Klosterfrauen zu Klosteraustritten ermutigen. Er schrieb, die Nonnen hätten sich vergeblich an ihre Eltern gewandt und um Hilfe gebeten, aus dem Kloster auszutreten, und argumentierte, sie seien nicht aus eigenem Willen, sondern durch den Willen der Eltern ins Kloster gezwungen worden. Da Gott kein unwilliger Dienst gefalle, seien ihre unter Zwang gegebenen Klostergelübde nicht bindend. Zudem habe Gott Eva und mit ihr die Frauen nicht

Abb. 17 *Cranachhof Schlossstraße 1, wo Katharina wahrscheinlich von den Cranachs aufgenommen wurde*

verflucht, sondern gezwungen, unter Schmerzen zu gebären. Besser als Gott die Frauen geschaffen habe, sollten sie nicht versuchen zu werden: zum Beispiel durch ein Klosterleben. Gute Werke helfen vor Gott nicht.

Luther veröffentlichte in seiner Schrift die Namen der entflohenen Nonnen (Katharina von Bora, Elisabeth von Kanitz, Lonatha Gohlis, Ave von Große, Ave von Schönfeld, Margaretha von Schönfeld, Magdalena von Staupitz, Veronica von Zeschau, Margaretha von Zeschau) und verteidigte sie so persönlich. Dadurch rückten sie und auch Katharina erstmals in das Interesse der breiten Öffentlichkeit. Eine 1523 in Straßburg erschienene Gegenschrift Johann Dietenbergers zitiert Luther weitläufig und trug so zur Verbreitung der lutherischen Argumentation bei.[102]

Nachdem sich dann doch noch drei adelige Familien ihrer im Kloster verbliebenen Familienangehörigen, gegen den Willen der verblieben Klostergemeinschaft und der Äbtissin, angenommen und diese am 25. Mai 1523 aus dem Kloster geholt hatten, wurde es Abt Petrus von Pforte endgültig zu viel. Empört beschwerte er sich am 9. und nochmals am 13. Juni bei Kurfürst Friedrich, *das etzliche geistliche personen yr ehre und selickeit hindan gesaczt, sich auß yren orden und clostern begeben, yr gelobnis, so sie dem allmechtigen gethan, nochlasen und yren habit und ordenscleidt ablegen, und das alles zcu sunderlicher schmehung gotlicher maiestet und vordampnis yrer sehlen, wie dan under andern nehst an dem heiligen ostertage etzliche personen und closterjunckfrauen zcu Nymptzschen, so mir und meinem closter mit der geistlickeit zcugethan, nemlich ir newne auch furgenohmen, so auch villeicht von etzlichen e. c. f. g. undertanen und vorwanten dortzu gehalten und gefurdert, wie dan das alles e. c. f. g. sunder zweiffel will wissentlich. Auch haben sich etzliche vom adell undt der freundtschafft hirnochmals an dem nehesten pfingstmontage frey personen ire kinder und schwestern, widder der eptischin und yrer samplung wille hirauß zcu nehmen understanden, welche sie also mit ynen geffhuret.*[103]

Die wirtschaftliche Situation der betroffenen Frauen war meist trostlos. Während die aus dem Kloster ausgetretenen Männer meist bürgerliche Berufe aufnahmen oder Pfarrer wurden, gab es für die Frauen nur in den seltensten Fällen die Möglichkeit eines eigenständigen Berufslebens. Ehrsame Berufstätigkeit war ledigen Mägden, Ehefrauen und Witwen vorbehalten.[104] Von allen ehemaligen Nimbschener Klosterfrauen sind nur drei nachzuweisen, die einen eigenen Broterwerb aufnahmen: die mit der Lutherin geflohene Nonne Magdalena von Staupitz und die beiden Laienschwestern Margaretha Helwing und Walpurgis. Magdalena von Staupitz soll einem Brief Amsdorfs an Staupitz zufolge die älteste der geflohenen Nonnen gewesen sein. Immerhin war auch sie noch keine 50 Jahre alt und soll von Spalatin dem sich auf Brautsuche befindenden Nikolaus von Amsdorf unter dem Vorbehalt angeboten worden sein, wenn er eine jüngere Frau suche, habe er die Wahl zwischen den Schönsten. Auch Magdalena von Staupitz lebte einige Zeit in Wittenberg und wurde dann Leiterin der Mädchenschule in Grimma. Dafür erhielt sie jährlich ein Gehalt in Höhe von 10 Gulden, die sie, nach ihren Angaben, nur zur Deckung der Heizungskosten für die Schule benötigte. 1531 gab es Versuche, ihr das Schulgebäude wieder zu entziehen, was an Luthers Eingreifen scheiterte. 1534 wandte sie sich um Hilfe an Spalatin und gab in ihrem Schreiben an, 20 Gulden Mitgift ins Kloster eingebracht zu haben. 1535 erhielt sie die doppelte Summe als Abfertigung und ab 1537 eine jährliche Rente von je 12 Gulden. 1537 wurde sie als Ehefrau des Grimmaer Bürgers Tiburius Geuder erwähnt.

Die alt gewordene ehemalige Laienschwester Margaretha Helwing bat 1538 um Unterstützung. Der Klostervorsteher sprach ihr 3 Gulden jährlich zu, so wie bei anderen Dienstmägden auch. Die Laienschwester Walpurgis trat 1539 aus dem Kloster aus und kehrte nach Leipzig zurück. Da es ihr offenbar an allem mangelte, erhielt sie als Abfertigungszahlung Roggen und Brot im Wert von etwa 4 Gulden.[105]

Den ehemaligen Nonnen, wie Magdalena von Staupitz, blieb der Weg in die Ehe. Sie verheirateten sich zumeist mit Männern aus dem Bürgertum. Ihre Ehemänner hofften auf eine solide Mitgift und unterstützten ihre Frauen beim

Kampf um eine angemessene Abfertigung, die zur Absicherung der Existenz der jungen Familie und dem beruflichen Fortkommen des Ehemannes dienen sollte. Als erste der mit Katharina geflohenen Nonnen heiratete schon am 24. August 1523 Lonata von Gohlis im Hause ihrer in Colditz lebenden Schwester einen Thüringer Pfarrer. Ihrer Ehe war jedoch kein Glück beschieden. Schon im September 1523 oder 1524 kam ihr Gatte gewaltsam zu Tode. 1527 wagte sie einen neuen Versuch und reichte dem ehemaligen Mönch des Klosters Buch Heinrich Kind die Hand zur Ehe. Kind war inzwischen Pfarrer in Leisnig. Dennoch wandte sich Lonatha an den Kurfürsten und bat um Verbesserung ihrer Lebensumstände durch die Zahlung von 20 Gulden. 1537 erhielt sie eine weitere Abfertigungszahlung in Höhe von 7 Gulden.[106]

Derartige Zahlungen wurden um diese Zeit für alle Nonnen durchgesetzt. Auch die Lutherin hätte Ansprüche auf *Abfertigung* gehabt, sie aber nie erbeten. Offenbar erhielten auch die beiden Schwestern Ave und Margarethe von Schönfeld keine Abfertigung. Auch sie konnten nicht zu ihren im Herzogtum Sachsen lebenden Familien zurückkehren und blieben bis zu ihren Eheschließungen in Wittenberg. Die von Luther zeitweise verehrte Ave von Schönfeld heiratete 1524 den Lizentiaten der Medizin Basilius Axt. Der aus Frankfurt stammende Axt hatte schon 1520 bei seiner Immatrikulation seine Mittellosigkeit angegeben. Zur Versorgung des Paares empfahl Luther Aves Gatten am 31. Oktober 1525 als Physikus nach Torgau und den inzwischen zum Doktor der Medizin Promovierten 1531 als Leibarzt für Herzog Albrecht von Preußen. Ave starb 1541, ihr Witwer 1558 in Königsberg.[107]

Als zweite und jüngste der geflohenen Nonnen wurde Gertrud von Schellenberg 1524 von Spalatin mit dem kurfürstlichen Rat Heinrich von Lindenau getraut und blieb mit Aves Schwester Margarethe von Schönfeld, die einen Herrn von Garsebüttel aus dem Braunschweigischen heiratete, eine der wenigen ehemaligen Nonnen, die sich mit einem Adeligen vermählen konnten.[108] Das beschriebene Standesbewusstsein der Nonnen dürfte in dieser Notlage schwer gelitten haben.

Luther unterhielt einen regen Briefwechsel mit seinen Freunden und vielen anderen Menschen, die zum Teil weit entfernt von Wittenberg lebten. Ein Briefwechsel mit einer der mit seiner Frau entflohenen Klosterschwestern ist, abgesehen von Magdalena von Staupitz, aber bisher weder bei ihm noch bei ihr bekannt geworden.

Im Kloster verbliebene Nonnen und Mönche wurden weiter in ihrem Kloster versorgt und erhielten nach der Verpachtung des Klostergutes eine jährliche Rente. Sie durften bis zu ihrem Lebensende im ehemaligen Kloster wohnen bleiben, wie die alt gewordenen Franziskanermönche, die von Luther in Wittenberg unterstützt wurden.

Katharina von Bora hatte sich inzwischen in einen der vielen Wittenberger Studenten verliebt, die sie scherzend *Katharina von Siena* nannten. Die Heilige Katharina hatte sich im 14. Jahrhundert trotz des schweren Widerstandes ihrer Eltern ins Kloster begeben und in öffentlichen Reden scharfe Kritik an kirchlichen und weltlichen Würdenträgern geübt, sich aber demonstrativ zum Papst als Stellvertreter Christi bekannt. Die Bora galt nicht nur als gebildet, wortgewandt und selbstbewusst, wie die Heilige, sondern auch als eine der Schönsten unter den Nimbschener Nonnen. Nach ihrer Eheschließung mit Luther wurde ihre Schönheit sogar von Erasmus von Rotterdam erwähnt.[109] So dürfte es nicht verwunderlich sein, dass ihre Zuneigung von dem in Wittenberg studierenden reichen Nürnberger Kaufmannssohn Hieronymus Baumgärtner offen erwidert wurde. In der Stadt und an der Universität ging man gemeinhin von einer bevorstehenden Hochzeit aus. Der ebenfalls aus Nürnberg stammende Jurist Ulrich Pinder ließ in der ersten Jahreshälfte den in seine Heimatstadt zurückgerufenen Baumgarten mehrfach von *seiner sehr geliebten Katharina von Siena* grüßen.[110] Im Herbst 1524 wurde die Lage Katharinas für Luther zu bedenklich. Es ist die Zeit, in der er endgültig auf seine Kutte verzichtete und sogar zum Gottesdienst ohne Habit und dafür bürgerlich gekleidet auf der Kanzel erschien. Am 12. Oktober schrieb er dem vermeintlichen Bräutigam der Katharina und fragte an, ob Baumgärtner an ihr festhalten wolle, die ihn noch liebe. Ansonsten würde sie mit einem anderen verheiratet werden, der vorhanden sei. Gemeint war wohl der im Sommersemester 1524 als Rektor der Wittenberger Universität fungierende Kaspar Glatz [E. St.]. Er, Luther, würde sich über die eine Heirat Katharinas ebenso freuen wie über die andere.[111] Baumgärtner hielt sich zum Kummer Katharinas weiter bedeckt und kehrte nie wieder nach Wittenberg zurück.

1552 erzählte Luthers Freund Nikolaus von Amsdorf Eisenacher Diakonen von der schönen jungen Katharina, mit der er, kurz bevor er im September 1524 als erster Superintendent nach Magdeburg ging, ein längeres Gespräch gehabt habe. Katharina habe ihn damals gebeten, Luther von dessen Bemühungen um ihre Eheschließung mit Kaspar Glatz abzubringen. Sie würde eher ihn, Amsdorf, oder Luther selbst heiraten wollen, als Glatz. Er habe dann den Freund gefragt: *Was zum Teuffel habt ihr doch fur, das ihr die gute Ketham wolt bereden vnd zwinge, den alten geitzhals zu freyen, des sie gar nicht begert vnd weder lust noch liebe zu ihm tregt?* Luther habe ihm freundschaftlich geantwortet: *Welcher Teufel will sie denn haben? Mags sie den nicht, so mag sie noch ein weill auff einen andern harren!*

Katharinas Äußerung ist offenbar unter Universitätsangehörigen verbreitet und als Liebeserklärung für Luther verstanden und besprochen worden, denn Amsdorf erzählte 1552 weiter: *Dieweil aber der Doctor in des erferet, das die Ketha alle liebe auff ihn geworffen hatte, vnd Er sönderlich von Doctor Hieronymo Schurffen horen musste: Do der monch freyen wurde, so wurde die gantze welt vnd der Teuffel selbs des lachen ..., nimpt ihm Doctor Martinus fur, die Ketham zu freyen.* Amsdorf hatte später dennoch von der Lutherin und der Witwe Luthers ein ziemlich schlechtes Bild. Damit gehörte er zu den vielen in den lutherischen Kreisen, die geringschätzig über Luthers Frau dachten[112], die auch nach ihrer Eheschließung weiter selbstbewusst und handelnd auftrat und damit den Abscheu vieler Zeitgenossen auf sich zog.

> 1537 erinnerte sich Luther, er habe Katharina am Anfang ihrer Ehe nicht geliebt. Gott habe gewollt, dass er sich der schutzlosen ehemaligen Nonne annehme. Das Elend der von ihren Verwandten verlassenen Frau musste ein Ende haben.[113]

Luther raffte sich spätestens vor seiner Reise nach Eisleben im Frühjahr 1525 auf, dem Wunsche seiner Eltern nach seiner Hochzeit nachzukommen und Katharina zu seiner Ehefrau zu wählen und sie um ihre Hand zu bitten. Er reiste offenbar mit ihrem Einverständnis im Herzen und hatte den Namen seiner zukünftigen Ehefrau zumindest Johann Rühel, einem Mansfelder Freund der Familie, schon Anfang Mai 1525 preisgegeben.

Hochzeitstermin und Aufgebot

Der Tod Kurfürst Friedrichs am 5. Mai 1525 und seine Beerdigung in der Wittenberger Schlosskirche ließ Luther aus Eisleben nach Wittenberg zurückeilen. Es war die Zeit, in der der Aufstand in Thüringen in der Schlacht von Frankenhausen brutal niedergeschlagen wurde. Friedrichs Nachfolger, Kurfürst Johann, führte die Truppen des Adels an. Würde er die Reformation als Wiege des Aufstandes sehen und anschließend auch gegen sie vorgehen? Würde er die Universität weiter unterstützen?

Luther und seine Freunde sahen sich in diesen Tagen vor existenziellen Problemen und hofften auf den weiteren Schutz durch den neuen Kurfürsten. Luthers Position ist in diesen Wochen aber auch durch eigenes Handeln schwierig geworden – seine Schrift *Wider die räuberischen und mörderischen Rotten der Bauern*, in der er die Fürsten aufforderte, das Schwert zu gebrauchen, erschien erst Anfang Juni 1525, hatte also keinen Einfluss mehr auf das blutige Vorgehen der Fürsten. Dennoch wandten sich nun viele Freunde von ihm ab. Sein Leben schien jetzt sogar in Kursachsen bedroht.

Rückblickend erinnerte er sich: *Das hatt ich bey mir ausgemacht, eh' ich ein Weib nahm; wenn ich unversehns hätte sollen sterben, oder jetzt auf dem Todtenbette wäre gelegen, so hätt' ich mir wollen lassen ein frommes Mägdlein ehlich trauen, und derselben wollt' ich heraup zwey silberne Becher zum Malschatz und Morgengabe gegeben haben.*[114]

Angesichts von Mord und Totschlag suchte der Reformator nach einem Ausweg, der hin zum Leben führen sollte. Als Gegenpol zur Sterbezeit gilt die Brautzeit noch heute als Zeit des Glückes, als Zeit, die ein tieferes Lebensgefühl verleiht und die Lebensmacht erhöht. Geradezu mystisch erscheint sie im Volksglauben als *Zeit der notwendigen Erlösung des Ich im Du.*[115]

Es ist nicht gut, spricht Gott, daß der Mann allein sei, ich will ihm einen Gehilfen machen, der um ihn sei, hielt Luther dem Erzbischof Albrecht von Brandenburg in einem Brief vom 2. Juni 1525 vor. Er möge dem Vorbild des Hochmeisters von Preußen, Herzog Albrecht von Preußen, folgen, sein Land säkularisieren und in den Ehestand treten. Denn, *wo Gott nun nicht ein Wunder tut und aus einem Mann einen Engel macht, da kann ich nicht sehen, wie er ohne Gottes Zorn und Ungnade allein und ohne Weib bleiben mag. Und schrecklich ist es, wenn er im Tode ohne Weib gefunden werden sollte, wenn er nicht wenigstens der ernsten Meinung und des ernsten Willens wäre, in die Ehe zu treten.*[116]

Inzwischen war es auch für das Brautpaar Martin und Katharina an der Zeit, sich in die eigenen Hochzeitsvorbereitungen zu stürzen. Zuerst benötigte man einen Hochzeitstermin. Gut, dass man inzwischen im Juni angekommen war, denn *Maibräute werden nicht glücklich.* Als Hochzeitstermine beliebt waren damals sowohl die zwischen dem Adventsfasten und dem Passionsfasten liegende Fastnachtszeit und hier besonders, ähnlich heutigen Glücksdaten, der Fastnachtsdienstag. Der Dienstag als Wochentag stand unter dem Schutz des Hl. Antonius von Padua, der zudem Schutzpatron der Ehe ist und der von der römisch-katholischen Kirche noch heute an dem ihm gewidmeten 13. Juni besonders verehrt wird. Der Dienstag war nicht nur in Wittenberg, sondern überall ein beliebter Hochzeitstag. Der Mittwoch als Hochzeitstag jedoch verhieß Unglück.[117]

D er sächsische Kurfürst Johann Georg I. hat am 10. August in einem Mandat erklären lassen, warum Hochzeiten an Werktagen stattfinden sollten: *Damit auch, vermög Göttlichs Befehls und Ordnung, der Sabbath geheiliget, und die Leute von dem Gehöre Göttliches Worts nicht abgezogen werden, sollen Hochzeiten n i c h t auf den Sonntagen, oder anderen Feyertagen, sondern auf den Werckel-Tagen in der Wochen, oder da es einig Bedencken, oder Ursach, darum es schädlich vorfallen sollte, ungeacht desselben, ehe nicht auf den Sonntagen oder andern heiligen Tagen, denn nach der Vesper, und gehaltenem Catechismo angefangen, und vollbracht werden.* Die Kurfürsten Johann Georg I. und II. schlossen sich in ihren Mandaten ausdrücklich dem vorlutherischen Brauch an, indem sie Hochzeiten während der Adventsfastenzeit, die erst am Dreikönigstag endete, und während der Passionsfastenzeit vor Ostern ausschlossen *und unnothwendige Beneurung wider die alte löbliche Ordnung und Gewohnheit nicht eingeführet werden.*[118]

Martin und Katharina wählten für ihr *Ja* den 13. Juni 1525, einen Glück verheißenden Dienstag. Als ehemalige Klosterinsassen dürften sie in diesen Tagen die Liebe entdeckt haben. Luther hatte sie, allerdings im Zusammenhang mit unerlaubter Liebe, schon 1518 in seiner Schrift *Decem praecepta* beschrieben, *indem das Sehen die kleinste und feinste Geberde ist. Daher haben einige fünf Liebespfade aufgestellt: Sehen, Unterredung, Berührung, dann Kuß und Tat.*[119]

Junge Paare wünschen sich in dieser Phase ihres Lebens nichts mehr als Einsamkeit in Zweisamkeit, doch diesem Paar war das keineswegs gegeben. Offenbar verstärkten sich in diesen Tagen nicht nur in Luthers Freundeskreis die

Diskussionen um seine Brautwahl. Darf es wirklich eine ehemalige Nonne und Braut Christi sein? Derartige Diskussionen und sogar Schmähungen besonders gegen die Bräute hatte Luther schon bei den Hochzeiten seiner Freunde Johann Agricola, Johannes Bugenhagen und Philipp Melanchthon erleben müssen. Um Katharina zu schützen, hielt das Paar seinen Hochzeitstermin weitestgehend geheim. Selbst enge Freunde, wie Melanchthon, der Luthers Wahl der ehemaligen Nonne noch nicht folgen konnte, wurden weder eingeladen noch informiert. Der Benediktinermönch Paul Lange schrieb in Bosau bei Zeitz in seinem *Chronicon* über Luthers Brautwahl: *Martin Luther, jener ehemaliger Augustiner, jener fromme Vater, jener vortreffliche Doctor der heil. Theologie, ... hielt es für gerathen seine Lehre noch mit seinem Beispiele zu bekräftigen und heyrathete öffentlich; er selbst, der Mönch nahm eine Nonne, Martin die Katharina, der Abtrünnige die Abtrünnige, der Priester Christi die welche sich Jesu geweiht hatte, zum Weibe.*[120]

Am 17. Juni 1525 berichtete Luther dem eng befreundeten Pfarrer Michael Stiefel in Tolleth von den Diskussionen: *Heftig zürnen die Weisen unter den Unsrigen. ... Sie müssen bekennnen, dass die Sache Gottes Werk ist. Aber das Ansehn sowohl meiner als der Jungfrau Person betört sie, und macht sie lieblos denken und reden. Aber der Herr lebt, welcher größer ist in uns, als jener welcher in der Welt ist; und mehrere sind mit uns als mit jenen.*[121] Dem Mansfelder Rat Johann Rühel schrieb er: *So hab' ich nun ... um dieser bösen Mäuler willen, daß es nicht verhindert würde, mit Eile beygelegen.* Bugenhagen berichtete Spalatin über die Trauung Luthers: *Eine boshafte Nachrede hat bewirkt, daß Dr. Martin ganz unverhofft ein Ehemann wurde.*[122] Und Melanchthon vertraute am 21. Juli 1525 seinem Herzensfreund Joachim Camerarius an: *Weil es geschehen kann, daß kein der*

Wahrheit gemäßes Gerücht von Luthers Hochzeit an Euch gelange; so habe ich es für dienlich erachtet, Euch die Wahrheit … davon zu eröffnen. Am dreizehnten Tage des Monats Juni hat Luther ganz un-verhofft die Bora geheiratet, da er keinem seiner Freunde etwas da-von zu wissen getan hatte; sondern er lud des Abends zur Mahlzeit nur Pommern, den Maler Lucas und den Rechtsgelehrten Apel ein, und richtete das gewöhnliche Hochzeitsmahl aus.[123]

Luthers Verlobung, Trauung und Beilager am 13. Juni 1525

Verlobung und Hochzeit geschahen traditionell sehr eng aufeinander, so auch bei den Luthers. Nach Melanchthons Bericht ging der Trauung am 13. Juni eine feierliche *Bewerbung* voran.[124]

Die Trauung des Lutherpaares fand am Abend im ehemaligen Augustinerkloster statt, das Kurfürst Friedrich der Weise Luther überschrieben hatte. Anwesend waren der Stadtkirchenpfarrer und Theologieprofessor Johannes

Abb. 18 *Cranachs Brautwerbung, Lithografie von O. Donner, 2. Hälfte 19. Jahrhundert*

Bugenhagen, der die Trauung sicher vorgenommen hat, der Hofmaler Lukas Cranach mit seiner Ehefrau Barbara, in deren Hause in der Schlossstraße die Braut nach ihrer Klosterflucht gelebt hat, der Propst der Schlosskirche Justus Jonas und der Juraprofessor Johannes Apel, alles enge Vertraute Luthers, die seiner Brautwahl offen zustimmten. Bugenhagen und Jonas hatten sich schon zuvor von Luther trauen lassen und blieben ihm ihr Leben lang emotional aufs Engste verbunden. Ihre Ehefrauen werden als Gäste nicht erwähnt, was aber nicht bedeuten muss, dass sie nicht anwesend waren.

Abb. 19 *Lutherhaus mit Hof im Frühjahr 2014*

Es gibt viele regional unterschiedliche Hochzeitsriten, doch immer gilt:

✳ Erfragung des Ehekonsenses

✳ Anvertrauung der Braut an den Bräutigam, anfangs durch den
   Brautvater, dann durch den Priester

✳ Erklärung der gegenseitigen Annahme durch Handreichung

✳ Bestätigung durch den Priester und mitunter die Übergabe der Ringe
   (gelegentlich auch schon vor der Konsenserklärung)

✳ ein Psalm oder der Brautkuss

✳ Einführung in die Kirche

✳ Brautmesse mit feierlichem Segensgebet über die Braut

✳ ein symbolisches Mahl[125]

Luther lag es fern, neues Recht zu schaffen. Er bezeichnete
die Übereinkunft der Eheleute, ja schon ihr Verlöbnis als
einzige Grundlage der Ehe, da doch die Eheleute als von
Gott zusammengeführt und zusammengefügt seien und
gedachte bei dieser Zusammenführung und Zusammenfügung keineswegs der kirchlichen Trauung und Einsegnung. Denn beides sei gemäß seinem *Traubüchlein* nicht *we-
sentlich* für das Zustandekommen der Ehe, sondern nur
eine *gute christliche Sitte*, durch die öffentlich bezeugt würde,
dass Eheleute ihre Ehe als von Gott geschlossen ansehen
und führen wollten.[126] Wenn zwei Menschen zusammenfinden und sich versprechen, miteinander ehelich leben
zu wollen und es dann auch tun, so sind sie vor Gott verheiratet, denn Gott hat das so gewollt und die Ehe geschaffen.

Bei Trauungen anwesende Gäste sind öffentliche Zeugen der Eheschließung. Der Reformator hat die Gäste und
damit Zeugen seiner Trauung sorgsam ausgewählt. Sie repräsentieren den Hof und den Rat der Stadt (Cranach), die
Schlosskirche (Jonas), die Stadtkirche (Bugenhagen) und

die Universität (Apel). In ihrem Beisein fand, wie wir noch sehen werden, auch das *Beilager* des Paares statt, mit dem die Ehe unanfechtbar wurde.

Der Trauakt nach Luther im Traubüchlein, 1529:

* Fragen nach dem Einverständnis des Paares
* dessen Antworten (Ja-Wort)
* Ringwechsel
* Zusammenführen der Hände
* Zusammenschluss im Namen des dreieinigen Gottes
* Segnung des Brautpaares

TRAUUNGEN IN FACIE ECCLESIA – DIE BRAUTPORTALE

Der Brauch der Eheschließung ist erst verhältnismäßig spät von der Familie auf die Kirche übergegangen. Seit dem 10. Jahrhundert lassen sich Trauungen vor Kirchentüren nachweisen, meist noch von Laien verrichtet, aber in Gegenwart eines Priesters. Die Verbindung mit der Kirche sollte den *Rechtsakt* Eheschließung heiligen. Trauungen durch Geistliche wurden vom 13. bis ins 16. Jahrhundert hinein im Allgemeinen nicht in der Kirche, sondern weiter vor der Kirchentür durchgeführt. *Brauttüren* befanden sich an der Nordseite der Kirchen. *Tympanon* und *Gewändefiguren* der Brauttüren nehmen auf die Eheschließung Bezug, indem hier die *Gleichnisse von den klugen und den törichten Jungfrauen* oder *Christus als Bräutigam der Kirche* dargestellt wurden[127], wie am Magdeburger Dom. Daneben blieben Trauungen in den Häusern üblich; auch solche durch Laien, obwohl die Kirche das immer mehr missbilligte. Durch die Teilnahme der Kirchenmänner an den Trauungen wuchs deren Einfluss auf die Familien. Zudem verdiente die Kirche daran. Nach der Trauung vor der Kirchentür begab sich der Hochzeitszug gewöhnlich unmittelbar in die Kirche zur Feier der *Brautmesse* und zu der mit ihr verknüpften Segnung des Brautpaares. In seinem *Traubüchlein* spricht Luther 1529 noch immer von der Trauung *vor der Kirche*, behielt den alten Brauch also bei, ohne ihn bei der eigenen Eheschließung genutzt zu haben.

Trauung vor der Kirchentür:

* Ansprache an das Paar
* Feststellung des Fehlens von Ehehindernissen
* die Willensbekenntnisse des Bräutigams und der Braut:
  Ich nimm dich ...
* dann: *Also gib ich vch zusammen nach christlicher ordnung vnd bestet vch in dieser pflicht der heiligen Ehe ...*
* Hinweis, zum Partner zu halten
* Segnung des Ringes (entfällt bei Luther)
* Priester gibt den Ring dem Bräutigam, der ihn an den 4. Finger der rechten Hand der Braut steckt und umgekehrt
* Kreuzeszeichen und Zusammenfügen der Hände
* Aufforderung der Trauzeugen zum Gebet für das Paar
* allgemeines Gebet
* Weihwassersprengung
* Aufforderung, zur Messe in die Kirche zu kommen
* Glückwunsch des Priesters
* Bei seiner ersten Hochzeit kniete das Brautpaar dann vor dem Altar nieder und der Priester segnete die Ehe und beide Brautleute.
* erneute Weihrauch- und Weihwassersprengung[128]

DAS JA-WORT

Papst Nikolaus I. erklärte 866, *dass* für eine Eheschließung allein der Konsens der Partner maßgebend sei, ohne den alle sonstigen Formalitäten wirkungslos seien ... Lange Zeit war keine verpflichtende Form für die Eheschließung vorgeschrieben, man suchte nach ansprechenden Gebräuchen.[129]

Im 13. Jahrhundert interpretierte die Kirche das Ineinanderlegen der rechten Hände des Brautpaares als Treuegelübde und ließ es durch den anwesenden Priester tun. Dann steckte der Ehemann seiner Frau den Ring als Zeichen der Treue an den Finger. Anschließend warf sich die Frau in einigen Gegenden Nordfrankreichs vor ihren Mann zu Boden und drückte so ihre Unterwürfigkeit gegenüber dem Gatten als neuem Vormund aus. Erst seit dem 16. Jahrhundert wechselte das Brautpaar die Ringe. Der Mann gab 13 Pfennige; schon im *Salischen Recht* das Symbol für die Aufgabe der Braut, im Namen des Ehepaares Almosen zu spenden.[130]

Luther beschrieb in seinem Traubüchlein 1529 die Konsenserkläung des Brautpaares unter der sie ehrenden Verwendung der Vornamen seiner Eltern:

Für der kirchen Trawen mit solchen worten:

Hans, wiltu Greten zum ehelichen gemalh haben?

Dicat: Ja.

Greta, wiltu Hansen zum ehelichen gemalh haben?

Dicat: Ja.

Hie las die trwaringe einander geben, Und füge yhre beiden rechte hand zu samen und spreche: Was Gott zu samen fügt, sol kein mensch scheiden.

Darnach spreche er für allen ynn gemein:

Weil Hans .N. und Greta .N. einander zur ehe begeren und solchs hie offent-
lich für Got und der wellt bekennen, darauf sie die hende vnd trawringe einander gegeben haben, So spreche ich sie ehelich zu samen ym namen des
Vaters und des Sons und des heiligen geists, Amen.[131]

Luther sah Mann und Frau, Frau und Mann als gleichbe-
rechtigte Partner in der Ehe und lies durch das gleichzeiti-
ge Anstecken der Trauringe gegenseitige eheliche Treue
schwören. Der Pfarrer legte dann die Hände der Brautleute
zusammen und sagte: *Was Gott zusammenfügt, soll kein Mensch
scheiden*. In diesem Wort sah Luther die Bestätigung des von
Gott gestifteten Ehestandes durch Jesus Christus. Es gilt für
alle Ehepartner, die Gott zusammengefügt hat, nicht für
jene, die Ehebrecher werden. Nicht von Gott zusammengefügt sind auch heimliche Verlöbnisse. Nur Menschen,
die sich gegenseitig lieben, werden, seiner Meinung nach,
von Gott zusammen gegeben.[132]

DIE TRAURINGE

Der Legende nach begegnete Franziskus von Assisi (1182–
1226) auf seiner Wanderung nach Siena Armut, Keuschheit und Gehorsam und verlobte sich mit der Armut. Auf
einem Wandgemälde in Assisi steckt Franziskus der Armut
als seiner Braut einen Ring an. Das Paar wird von Christus
und vielen Engeln begleitet. Links von der Armut stehen
die Hoffnung, die ihr ebenfalls einen Ring ansteckt und
die bekränzte Liebe, die ihr ein Herz reicht. Als *Seelenbräute*
symbolisieren sie die Vereinigung mit der Gottheit durch
die Übergabe des Ringes an den Menschen, die mit Gott
verbundene Seele.[133]

Nach der Konsenserklärung steckte der Bräutigam im gallisch-fränkischen Raum den Ehering an den Finger der Braut und sprach seine eigene Übergabe an sie zur Lebensgemeinschaft aus: *Mit diesem Ringe vermähle ich mich mit dir, N., im Namen des Vaters und des Sohnes und des Heiligen Geistes.* Dabei gab er ihr ursprünglich das *Angeld*, ein Symbol für den nun gemeinsamen Besitz.

Die kirchliche Segensformel dabei lautete: *Segne, Herr, diese Gabe, welche dein Diener N. in diesem Augenblick in die Hand deiner Dienerin N., und seiner geliebten Verlobten legt. Im Namen des Vaters, des Sohnes und des Heiligen Geistes!*[134]

Ringe waren ursprünglich vor allem Petschaften. Lichtenberg erklärte 1845 die Bedeutung des Eherings: *Der Bräutigam gab seiner Geliebten einen Ring, als Symbol, daß ihre getroffene Verabredung, als unverbrüchlich, hiermit so gut wie untersiegelt sei. … und wie er vordem bloß zum Unterpfand der Verlobung diente, ohne bei den Ceremonien der Verehelichung selbst von Gebrauch zu sein, so flochten sie (die frühen Christen, est) ihn bald nachher auch in die Feierlichkeiten des Altars mit ein, um die Verlobung des neuen Paars nochmals, vor den Augen der Gemeine zu bestätigen.*[135] Den Ringfinger wählte man deshalb, weil dieser eine Ader enthalte, die mit dem Herzen in genauer Verbindung stehe, Ringe am Mittelfinger galten als unsittliches Symbol.

Ringe gelten als Unterpfand der Treue zweier Menschen. Im antiken Rom schenkte der Bräutigam der Braut einen Verlobungsring, anfangs schmucklos aus Eisen, später aus Gold gefertigt.

Auch in Bugenhagens 1524 veröffentlichter *Trauordnung*, die er bei der Trauung der Luthers gewiss nutzte, findet sich der Ringwechsel und das Zusammenfügen der Hände als Sinnbild des *mutuus consensus* des Paares.

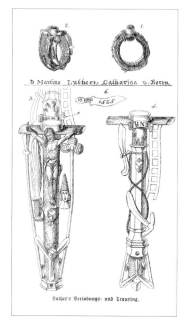

D Martino Lutthero Catharina u. Boren.

15 JUNI 1525

Luther's Verlobungs- und Trauring.

Abb. 20 *Luthers Ehering, Darstellung nach dem Original in Leipzig, aus „Die Gartenlaube", 1872*

In der Trauhandlung des Geistlichen sah Luther 1529 eine Vergewisserung der göttlichen Zusammenfügung durch öffentliche Bezeugung im Namen Gottes und ließ so das eigentlich Vergangene noch einmal in feierlicher Weise Gegenwart werden: *was Gott zusammenfügt, das soll* ... Demnach ist die Trauung nach Luthers Auffassung Ehebestätigung in dem zweifachen Sinne, dass die Brautleute selbst durch Wort und symbolische Handlungen ihre in der Verlobung geschehene Eheschließung öffentlich wiederholen und bekennen, und dass andererseits der Pfarrer vor der Kirchentür durch seine Anwesenheit bei diesem sinnbildlichen Tun dem Paar feierlich bestätigt, dass es in den von Gott gestifteten und darum unauflöslichen Stand der Lebensgemeinschaft eintreten soll und darf. Die durch Anwesende bei der Trauung ausgeübten regional und zeitlich sehr unterschiedlichen glückverheißenden Handlungen und Riten entwickelten sich zum modernen Hochzeitsbrauchtum und sollten das als besonders gefährdet geltende junge Paar schützen und ihm eine glückliche Gemeinsamkeit sichern. Trauringe durften während der Trauung nicht zu Boden fallen, denn das wurde als Zeichen für kommendes Unglück angesehen.

Abb. 21 *Katharina Luther mit einem Ring am Zeigefinger der linken Hand, Gemälde von Lukas Cranach, 1528 (Kopie nach dem Bild im Besitz des Lutherhauses Wittenberg)*

I m Gegensatz zur Verlobung übergeben sich die Brautleute durch die Trauung dem Partner und vertrauen sich ihm an, womit sie die Ehe nun ins Werk setzen. Verlobung ist demnach das Aussprechen des Konsenses zwischen den Brautleuten (Ja-Wort), Trauung ist die Ehebestätigung vor dem Pfarrer als Zeugen.

Es ist klar: zum Rechtsbestand der Ehe ist für Luther die kirchliche Trauung und Segnung nicht nötig; er will keinen rechtlichen Zwang zum Nachsuchen der Ehesegnung, schrieb Otto Albrecht bei seiner Edition des lutherischen Traubüchleins für die Weimarer Lutherausgabe.[136]

Luthers Ehering gehört zu den bekanntesten Lutherreliquien und wurde über die Jahrhunderte hinweg eifrig diskutiert und bis heute immer wieder kopiert. Das Original befindet sich im Besitz des *Stadtgeschichtlichen Museums Leipzig* und wird dort als Teil der *Kunsthandwerklichen Son-*

Abb. 22 *Luthers Hochzeitsfeier 1525 zu Wittenberg, Gemälde von Konrad Weigand (1842–1897), 1894, Museum der Stadt Nürnberg, Kunstsammlungen*

dersammlungen aufbewahrt und gezeigt. Das Museum weist inzwischen immer wieder darauf hin, dass zahlreiche alte Nachbildungen existieren und noch heute Nachbildungen angefertigt werden. Der *Lutherring* besteht eigentlich aus zwei Ringen: einem schlichten schmalen Innenring mit der eingravierten Inschrift: *Catharina v. Boren D. Martinus Lutherus*, und einem um diesen Goldreif später sehr filigran und aufwändig gearbeiteten Schmuckring mit einem Rubin. Der innere Goldreif soll ein Geschenk des Königs Christian II. von Dänemark gewesen sein, der, nach dem *Blutbad von Stockholm* aus Skandinavien vertrieben, einige Zeit in Wittenberg gelebt hat, möglicherweise sogar zeitgleich mit Katharina im Cranachhaus Schlossstraße 1. Der Schmuckreif besteht aus einem Kruzifix und den *Arma Christi*, den Marterwerkzeugen, mit denen Christus in seiner Passion und während seiner Hinrichtung gequält wurde. Darunter ist auch das Schwert, mit dem Petrus einem Kriegsknecht das Ohr abschlug. Auf der Unterseite des Schwertes ist der Hochzeitstag des Lutherpaares eingraviert: *13. Juni 1525*.

DAS BEILAGER

Jonas berichtete Spalatin am nächsten Tage noch immer sehr bewegt über das Beilager Luthers und seiner Frau Katharina: *Unser Luther hat geheyrathet die Katharina von Bora. Gestern wohnte ich der Handlung bei und sah den Bräutigam auf dem Bette liegen. Gestern wohnten der Handlung bei Lucas der Maler mit seiner Frau, Dr. Apel, Pomeran, (Philipp war nicht zugegen) und Ich.*[137] Über seine Gründe für das sofort vollzogene Brautlager teilte Luther Rühel mit: *So habe ich denn nun ... mich verehelicht und um jener Mäuler willen, damit es nicht verhin-*

dert werde, Beilager gehalten.[138] Nun konnte niemand mehr etwas gegen seine Ehe und Brautwahl tun.

Luther bezeichnete in der *Hauspostille* die Gottesmutter Maria wiederholt als *Brautmutter*, eine Bezeichnung, die sich dann in thüringischen und hessischen Volksbräuchen findet, wo die Brautmutter, eine nahe Verwandte der Braut, dieser das *Brautbett* bereitet. Viele Frauen starben im Kindbett. Der erwachsenen Tochter das Brautbett bereiten zu können, war nicht jeder Mutter vergönnt; Patchwork-Familien waren ganz normal. So wundert es nicht, dass auch nahe Verwandte im Hochzeitsbrauch zur Brautmutter aufsteigen konnten. Doch wer bereitete der Lutherin das Brautlager? Ihre Mutter war schon lange tot. War es Cranachs Frau Barbara, bei der Katharina nach ihrer Flucht gelebt hat?

Aus einer Beschreibung von Luthers Besuch der Hochzeit einer Tochter des Bibeldruckers Hans Lufft mit M. Andreas Aurifaber, dem späteren Leibarzt des Herzogs Albrecht von Preußen in Königsberg, notierte Luthers Hausgenosse Anton Lauterbach am 19. Februar 1538 in sein Tagebuch: *Doktor Martinus Luther war gestern auf Hans Luffts Tochter Hochzeit. Vor dem Essen führte er die Braut zu Bette und sprach zum Bräutigam Andreas Aurifaber: Er sollts bey dem gemeinen Lauf und Gebrauch lassen bleiben, und Herr im Hause sein, wenn die Frau nicht daheim ist. Und zum Zeichen zog er ihm einen Schuh aus und legt ihn aufs Himmelbette, daß er die Herrschaft und das Regiment behielte.*[139] Schon im Zusammenhang mit der Hochzeit Bugenhagens ist, wie beschrieben, Ähnliches überliefert.

Öffentliches Beilager: Das vor den Gästen vollzogene gemeinsame kurzzeitige Besteigen des Ehebetts und Lagern unter einer gemeinsamen Bettdecke führte zu keinen sexuellen Handlungen, machte aber die Ehe gültig.

Öffentliche Beilager zur Bestätigung einer Ehe finden sich im Hochzeitsbrauch aller gesellschaftlichen Schichten und vieler Völker. Sie waren und sind wohl wegen ihres erotischen Akzents, mit dem man gerne die Frage nach der Jungfräulichkeit der Braut verband, beliebt. Die Jungfräulichkeit der Braut sollte dem Gatten Sicherheit geben, nur die eigene Nachkommenschaft zu versorgen. Heiratsfähige Mädchen aus wohlhabenderen Familien durften sich darum niemals alleine auf der Straße zeigen, mussten immer zumindest in Begleitung einer Dienerin sein.

DIE ERSTEN HOCHZEITSESSEN DER LUTHERS

Nach ihrem Beilager dürfte auch bei den Luthers das für die Aurifaber-Hochzeit erwähnte kleine Festessen stattgefunden haben. Nach der Gründung der Universität hatte der Rat der Stadt Wittenberg Anfang des Jahres 1504 zur Regelung des gemeinsamen Lebens eine neue Stadtordnung erlassen. § 45 dieser *Statuta* regelte die *Verlobnisse*. Luther und seine Frau haben sich gewiss daran gehalten und ihren wenigen Gästen am 13. Juni 1525 gebackenen Kuchen, Brot, Käse, Obst und Bier gereicht.[140] Der Rat gab laut *Kämmereirechnung 7 Gr. Vor 6 kannen Frankenwein, das quart zu 14 pfennige, Doctori Martino uff sein Gelübnis vorehret Mittwochs nach Trinitatis.*[141]

Am nächsten Tage schickte er zu Luthers Verlobung *1 Stübigen Malvasier, ein Stübigen Rheinwein und 6 Kannen Frankenwein.*[142]

Hat Barbara Cranach den Kuchen für die kleine Feier gespendet? Hat Katharina den Kuchen im Cranachhaus selbst gebacken oder die *Schwarze Küche* des Klosters[143] schon vor ihrer Hochzeit ausprobiert? Wir wissen es nicht, da die Quellen schweigen. Allerdings durften sich die Bräute oftmals nicht an der Bereitung des Hochzeitsessens beteiligen.

Das junge Ehepaar konnte nun gemeinsam an die Vorbereitung ihres öffentlichen Kirchgangs und großen Hochzeitsmahles im Beisein vieler Gäste gehen.

Bei Katharinas Einzug war das Klosterinventar verwahrlost und vieles weggeschleppt. Was an zinnernen Gefäßen, Küchengerät und anderem Hausrat noch da war, schätzte Luther später auf kaum 20 Gulden. Hätte er es anschaffen müssen, fügte er hinzu, so wollte er's besser gekauft haben ... Luthers Strohlager war, wie er selbst erzählt, ein ganzes Jahr nicht richtig aufgeschüttet worden, aber: *Ich war müd ... und arbeitete mich den Tag ab und fiel also ins Bett, wußte nichts darum.* Bei der Hochzeit im Juni 1525 waren aus der Klosterküche noch vorhanden aber in schlechtem Zustand: *zinnerne Gefäße und Küchen- und Gartengeräte als Schüsseln, Bratspieße, Schaufeln.*[144]

Katharina musste auch nach der ersten Nacht mit ihrem Martinus früh aufstehen, das Gesinde anweisen, das vorhandene Vieh versorgen und sich um ein Mittagsmahl küm-

Abb. 23 *Die Lutherin, Holzschnitt von Hans Brosamer (Lutherhaus)*

mern, das den Gästen am nächsten Tage gegen 10 Uhr gereicht wurde.

HOCHZEITSNACHT UND KÜSSEWOCHEN

Das Lutherpaar schlief wahrscheinlich, wie seine wohlhabenden Zeitgenossen, in einem Himmelbett. Die Betten waren hochbeinig und nur über mehr oder weniger lange Seitenbänke zu besteigen. Die Beine sollten Ungeziefer hindern, in die Betten einzudringen. Die Schals des Himmelbettes sicherten in der kalten Jahreszeit wohlige Wärme und schützten gegen fremde Blicke. Seine Matratze dürfte auch weiterhin aus einem Strohsack bestanden haben. Darauf breitete man Laken, dicke Federbetten und Kissen. Bettbezüge waren sehr oft blaukariert; der Kopf des toten Kaisers Maximilian z. B. ruhte auf einem blaukarierten Kissen, Kranke in Hospitälern hatten blaukariertes Bettzeug, auf vielen Bildern der Marienverkündigung sehen wir dergleichen. Blaukarierte Bettwäsche war in allen Ständen weit verbreitet. Dicke Kissen, *Pfühle* genannt, waren sehr beliebt. Die Betten waren nicht sehr lang, man schlief etwas sitzend und benötigte die Pfühle zum Abstützen des Rückens. Verkündigungsbilder und Bibelillustrationen zeigen eine prächtige Ausstattung der Zimmer, Marienbilder meist mit Bänken, auf denen prächtige

Abb. 24 *Mariengeburt, 15. Jahrhundert, Linz – man beachte das hohe Himmelbett mit der aufwändigen Bettwäsche*

111

Kissen mit dicken Quasten liegen. Daneben steht oftmals das Lesepult der Gottesmutter, denn abgesehen von den Gelehrten, waren die Bücher Frauensache. Mitunter stand das Himmelbett im Wohnraum.

Verzeichnis der vollen und ganzen GERADE (**Erbe der Frauen**)*:*
alle weiblichen Schafe und Lämmer, Gänse und Enten, Kisten, Kasten, Laden, Betten, Pfuhle, Kissen, Leilachen, linen gerede und Schmuck – „geschrenk", in denen die Frau ihre Kleidung aufbewahrte und deren Schlüssel sie hatte. Dazu alles Garn, roh und gesotten, Lein, Flachs, Umhänge, Querlaken, Seidel, Teppiche und Rücklaken, alle weiblichen Kleider geschnitten und ungeschnitten zu ihrem Leibe. Jacken, „Brusgen", Haube und Geschmeide. Hals – und Armbänder. Fingerlein und Ringe, die die Frauen zu tragen pflegen und aufheben, ob von Gold oder Silber. Kränze, Carellen (? Korallen, Bernstein), schöne Gürtel mit Gold oder Silber beschlagen, mit Silber beschlagene Messer, Bücher darinne die weiber pflegen zu lesen (!!!), zur weiblichen Arbeit gehörige Geräte wie*: Rocken, Spiegel, Scheren, Bürsten, Milchgefäße, 1 Waschkessel, 1 Wochen Kandel, 1 mittelmäßige Suppenschüssel.*
Aber: der Witwer behält sein Bett (also das Ehebett), Decke, Tischtuch, Handtuch und 1 Stuhl mit einem Kissen *gedeckt,* die zuvor gegeben werden müssen.[145]

Als sich Luther 1532 an seine junge Ehe und die anfangs ungewohnten Freuden des Bettes erinnerte, notierten gleich zwei seiner Hausgenossen, er habe von seinem Staunen berichtet: *Wenn einer am Tisch sitzt: Sieh, denkt einer, eine Weile warst du allein, jetzt beieinander. Im Bett, wenn einer sich umsieht, sieht er ein Paar Zöpfe, die er vorher nicht gesehen hat.*[146] – Katharina trug ihre Haare in der Nacht nicht offen, sondern sittsam in zwei Zöpfe geflochten!

Als Luther am 16. Januar 1519 erstmals über die Hochzeit von Kana predigte, hielt er den eheliche Stand für *unreyn unnd scheu(ß)lich* am Leib: *Eheleute sollten nicht die fleischliche Lust, sondern die rechte, reine brauth lieb,* welche *nichts anderß in der person dan die person allein* suche, *walten lassen.* Gott habe die Ehe nur *umb der kinder wegen* eingesetzt. Bis zur Drucklegung im Mai 1519 änderte er seine Meinung, überarbeitete seinen Predigttext und hob nun hervor, Gott habe Adam eine Partnerin (!) geschaffen, die er lieb haben solle, denn: *O warlich eyn edler, großer, seliger standt der ehelich standt, ßo er recht gehalten wirt!*[147]

Im diesem *Sermon von dem ehelichen Stand* legte der Mönch dar, dass gegenseitige vollständige Hingabe in immerwährender Treue die Grundlage einer guten Ehe sei, weil Gott damit die Lust des Fleisches dämpfen wolle und es nicht *kreuz und quer durch die Stadt wütet.* Zur Förderung der ehelichen Treue, darf die Lust zu mehr Sex führen, als zur Fortpflanzung nötig wäre. Darum heiße es in der Eheformel auch: *Ich bin dein, du bist mein.* Durch die Eltern organisierte Eheschließungen verhindern die ärgerlichen heimlichen Verlobungen, die die jungen Menschen oft ins Unglück führen. Ziel der Ehe ist die Geburt und Aufzucht von Kindern. Christen sollen ihre Kinder christlich erziehen, nicht zum Gelde und nicht wie die Heiden! Die Christenheit beruht auf der christlichen Erziehung der Kinder durch ihre Eltern und die lässt sogar im Notfall einen versäumten Gottesdienst entschuldigen.[148] Nun rückt die christliche Kindererziehung als von Gott gegebene Aufgabe der Eltern in den Fokus der durch eigenes Erleben geschulten Reformatoren.

1522 stellte Luther zum Thema Sexualität in der Ehe fest: *Im Verlöbnis* (der Hochzeit) *gibt einer dem andern seinen*

Abb. 25 *Schwangerschaften waren das Ziel der Ehe – Mode einer schwangeren Frau, zeitgenössischer Holzschnitt*

Leib zum ehelichen Dienst. Und: *Das Wachsen und Mehren kannst du weder wehren noch aufhalten. Es ist Gottes Werk und gehet seinen Weg.*[149] Ansonsten würde man krank ...

1523 entdeckte er das *Gesetz der Liebe* und schrieb darüber: *Man schuldet es, und es soll doch mit ganzem Willen geschehen. Diese Schuldigkeit macht, daß Gott den Ehestand zuläßt und vergibt, was er sonst straft und verdammt. Denn dadurch ist der Ehestand verfaßt im Gesetz der Liebe, daß keiner frei über seinen Leib verfügt, sondern dem anderen dienen muß, wie es der Liebe Art ist.*[150] *... Also nimmt er auch dem Mensch nicht weibliche oder männliche Gestalt, Glieder, Samen und Früchte, so daß eines Christen Leib genau so sich besamen und mehren und fortpflanzen muß, wie es die anderen Menschen, Vögel und alle Tiere tun.*[151]

Schon am 19. Februar 1525 konnte er predigen: *Nun geht es gewöhnlich so, daß eine Ehefrau Trieb und Brunst, Flüsse und Samen nicht oft spürt. Denn sie wird das alles bei dem Mann und durch ihn los. ... Ists nicht m e h r Unkeuschheit, wo große Brunst, Liebe, Lüsternheit und Kitzel ist, als wo weniger davon ist?*[152], und stöhnte später in einer Tischrede: *ACH lieber HERR Gott / wie eine grosse vnordnung vnd Schwachheit ist doch in vnserm Fleisch vnd Blut / Vor der Ehe sind wir in Brunst / vnd wollen vnsinnig werden nach einem Weibe / Nach der Hochzeit aber werden wir jr müde / vnd vberdrüssig.*[153] *DIE Ehe ist ein ewige / vnd ordentliche zusammenfügung / vnd verbündnis eines Mannes vnd Weibes / Oder ist ein ordentlich Beyschlaffen vnd Beywohnen eines Mannes*

vnd Weibes / nach Gottes Ordnung vnd Befehl / Oder zweier ver-
bündnis vnter einander nach Gottes Ordnung…[154]

Luther dachte wohl an die eigene glückliche Ehe, die er
nicht aus liebevoller Zuneigung begonnen hatte, als er äußerte: *Die höchste Gnade Gottes ists, wenn im Ehestande Eheleute*
einander hertzlich, stets für vnd für lieb haben. Die erste Liebe ist
fruchtbar vnd hefftig, damit wir geblendet werden vnd wie die Trun-
ckenen hinan gehen. Wenn wir die Trunckenheit haben ausge-
schlaffen, als denn so bleibt in Gottfürchtigen die rechtschaffene
Liebe. Die Gottlosen aber haben ein Reuel.[155]

Um den geistlichen Stand vor den weltlichen Ständen zu erhöhen, hatte die Kirche ihm besondere Heiligkeit zugeschrieben, die den Geistlichen den Weg zum Paradies erleichtern wird. Das Priesterzölibat und die
vielbeschworene Keuschheit der *Bräute Christi* in den Nonnenklöstern standen im mittelalterlichen Denken weit über dem ehelichen Leben, der darin
ausgeübten Sexualität und Zeugung der Kinder.

Luther hat die Sexualität von ihrer angeblichen Anrüchigkeit befreit, sie
eindeutig als Gottes Werk und die Ehe als Gottes Geschenk beschrieben und
deren gesellschaftlichen Wert beschrieben. Ehe und Sexualität gehörten
von nun an zum Leben dazu. Sogar Priester sollten in den evangelisch werdenden Städten und Ländern schon um 1525 möglichst verheiratet sein. Es
galt nicht mehr als unschicklich, *daß ein Mann seinen männlichen Leib noch ein*
Weib ihren weiblichen Leib fühlen dürfen.[156]

Im Frühjahr 1537 notierte Anton Lauterbach in seinem
Tagebuch, Luther habe über die Erschaffung der Eva gesagt: *Da gibt er dem mann ein weib, die hat zween zizen auff der*
brust vnd ein lochlen zwischen den bainen. Aurifaber milderte
die Aussage später angesichts eines „Vorrückens der Pein-

Abb. 26 *Das Lutherpaar beim morgendlichen Aufstehen, Szene aus dem Panorama „Luther 1517" von Yadegar Asisi*

lichkeitsschwelle" ab in: *Da gibt er dem Mann ein Weib, die hat zwo Brüste mit Wärzlein daran, sammt ihrem Geschäfte. Da ist ein einiges Tröpflein männlichs Samens ein Ursprung eines solchen großen menschlichen Leibes, aus welchem wird denn Fleisch, Blut, Beine, Adern, Haut, etc.*

Luthers Predigten und Tischreden wurden von seinen Freunden mitgeschrieben und vor ihrer Veröffentlichung von ihm oder den Freunden redigiert. Viele seiner Schriften wurden von seinen Freunden übersetzt und dann herausgegeben. Den originalen Wortlaut Luthers haben wir in Wirklichkeit also selten, können uns ihm nur annähern und müssen dabei noch bedenken, dass die Alltagskultur und besonders die Einstellung zur Sexualität vielen Einflüssen und Veränderungen unterliegt. Was in unseren Ohren vielleicht peinlich ist, war es damals nicht unbedingt, und viele der Luther zugeschriebenen Sprüche lassen sich in den Quellen nicht finden.

Luthers von Aurifaber notierter Feststellung: *Ein Weib ist bald genommen, aber stets lieb zu haben, das ist schweer vnd Gottes gabe. Vnd wer dasselbige hat, der mag vnserm Herrn Gott wol dafür dancken. Darumb wenn einer ein Weib will nehmen, so las ers jm ein ernst sein vnd bitte vnsern Herrn Gott also oder mit dergleichen worten. Lieber Herr Gott, ist es denn dein Göttliche wille, das ich so sol leben, one Weib so hilff du mir. Wo nicht, so beschere mir ein gutes fromes Megdlin, mit dem ich mein leben zubringe, das ich lieb habe vnd sie mich wider. Denn ... das Beyschlaffen thuts nicht. Es mus da sein, das Sinne vnd Hertz, Sitten vnd leben vberein vnd zusammen stimmen vnd eines das ander für gut halte vnd geduld mit jm habe. Denn es kann nicht allzeit Schnurgleich zugehen.*[157] Dem wird wohl jeder langjährig Verheiratete gerne zustimmen, da er weiß, dass eine gute Beziehung von beiden Ehepartnern jeden Tag neu erkämpft sein will.

Luther riet Freunden, sie mögen, so wie Katharina und er selbst es getan haben, zuerst Gott um einen Ehepartner bitten und diesen dann als Gabe Gottes annehmen und lieben. Denen, die sich nach einem besseren, schöneren, reicheren oder angeseheneren Partner sehnen und sich kaum zu einer Ehe entschließen können, hielt er vor: *Damit wir nun ... christlich wandeln, so halte aufs erste fest, daß Mann und Weib Gottes Werk sind. ... Da siehest du, daß er das Weib gut und einen Gehilfen nennet. ..., daß es Gottes Werk ist und Gott wohlgefalle, was sie mit einem Weib leben und tun. Wenn sie das fänden, so würde ihnen kein Weib so häßlich, so böse, so unartig, so arm, so krank sein, daß sie an ihr nicht Lust im Herzen fänden darum, daß sie immerdar Gott sein Werk, seine Schöpfung und seinen Willen vorenthalten können. Und weil sie sehen, daß es ihres lieben Gottes Wohlgefallen ist, können sie Frieden im Leid und Lust mitten in der Unlust, Freude mitten in der Trübsal, wie die Märtyrer im Leiden, haben.*

Welcher Ehemann erwartet schon, dass ausgerechnet Luther ihm das Vorbild des so oft vergessenen Joseph vorhalten könnte, der nicht nur die eigenen, sondern sogar das Kind, das seine Maria nach weltlicher Sicht von einem anderen zu haben schien, wartete und liebevoll aufzog: *Wenn ein Mann hinginge und wüsche die Windeln und täte sonst am Kinde ein verächtliches Werk und jedermann spottete seiner und hielte ihn für einen Maulaffen und Frauenmann, sofern er's täte ... im christlichen Glauben ... Gott lacht und freut sich mit allen Engeln und Kreaturen, nicht darüber, daß er die Windeln wäscht, sondern darüber, daß er's im Glauben tut.*

Jeder möge sicher sein. dass *ihn Gott ganz gewiß wird ernähren, wenn er nur arbeitet und schafft, soviel er kann – wenn nicht als Junker oder Fürst, dann als Dienstknecht oder Magd ... Wer aber als Christ will ehelich sein, der darf sich nicht schämen, arm und verachtet zu sein und geringe Werke zu tun. ... wag's danach in Gottes Namen und greife*

zur Ehe: ein junger Mann spätestens, wenn er zwanzig, ein Mädchen, wenn es etwa fünf-
zehn oder achtzehn Jahre ist; dann sind sie noch gesund und geeignet. Und lasse Gott sor-
gen, wie sie mit ihren Kindern ernährt werden. Gott macht Kinder; er wird sie gewiß
auch ernähren.[158]

Auch Luther war vor seiner Ehe und in seinen ersten Ehejahren immer wieder von existenziellen Sorgen getrieben.
Wie sollte er eine Familie ernähren, wenn seine Arbeit nicht
oder nur schlecht bezahlt war, er nichts besaß und zudem
noch krank wurde oder gar starb? Zum Drechseln fehlte
ihm nach entsprechenden Versuchen die Kunstfertigkeit,
Gärtnern wurde zum geliebten Hobby. Der Kurfürst und
seine tatkräftige Ehefrau Katharina haben dem Prediger
und Professor viele wirtschaftliche Sorgen genommen und
erheblich zum Familieneinkommen beigetragen.

1529 hat Luther die Sorgen der Ehemänner im *Kleinen Katechismus* beschrieben: *Was heißt denn täglich Brot? ... Alles, was zur Leibesnahrung und -Notdurft ge-*
hört Essen, Trinken, Kleider, Schuh, Haus, Hof, Acker, Viehe, Geld, Gut, frumm Gemahl,
frumme Kinder, frumm Gesinde, frumme und treue Oberherrn, gut Regiment, gut Wet-
ter, Friede, Gesundheit, Zucht, Ehre, gute Freunde, getreue Nachbarn und desgleich.

Heute suchen viele Menschen in Filmen, Zeitschriften und
Büchern Aufklärung über Sexualität und Sexualpraktiken.
Sexualberatung und Eheberatung sind große Themen.
Manches, was Luther sogar schon in seiner Mönchszeit
wusste, wird heute wieder nachgefragt, wie: *Ferner gibt es*
nächtliche Befleckungen, die an sich keine Sünde sind. ... Endlich
gibt es Befleckungen im wachen Tageszustand, doch unfreiwillige,
die viele befallen, wenn sie etwas ganz anderes treiben, z. B. wenn sie

irgendwie gereizt werden beim Reiten oder Fahren, also ohne daß sie selbst Ursache dazu geben. Die Schrift nennt sie Samenflüssige. (3. Mose 15,16)[159], oder: *Weiter sind etliche, die auf die Monate achten, darin es gut Weiber nehmen ist: die einen, damit ihnen kein Kind werde, die andern, damit sie viele Kinder kriegen. So schreiben sie die Schöpfung des Menschen nicht Gott zu, sondern den Monaten. Die elenden Narren! Und doch sind von diesem Narrenwerk die Bücher voll.*[160] An manchen Orten war es üblich, dass man Braut und Bräutigam sogar bis in die dritte Nacht *von eynander reysset.* Luther kritisierte das und meinte: *Frey sollts seyn, narren sinds, die ynn solchen sachen strick und gesetz stellen.*[161]

Besonders berührend ist einer der letzten Briefe, die Martinus seiner geliebten Frau kurz vor seinem Tode aus Eisleben geschrieben hat und in dem er sie völlig ungeniert bittet: *Du sollst M. Philippus diesen Brief lesen lassen, Denn ich nicht Zeit hatte yhm Zu schreiben, damit du dich trosten kanst, das ich dich gern lieb hette, wenn ich kondte, wie du weissest, Vnd er gegen seine frawen vielleicht auch weis, vnd alles wol verstehet.*[162]

HOCHZEITSGESCHENKE DES RATES DER STADT WITTENBERG

Das Wittenberger Ratsarchiv beherbergt heute eine selten geschlossene Sammlung von Ratsakten, Ratsrechnungen, Urkunden, Gerichtsbeschlüssen, Steuerlisten und Grundbüchern. Dennoch fehlt ausgerechnet die Ratsrechnung des Jahres 1525/26. Immerhin fanden ältere Autoren den damals noch vorhandenen Band besonders bezüglich der Hinweise auf Luther so bedeutend, dass sie uns Auszüge aus der Akte hinterlassen haben.

So heißt es 1734 bei Kettner zum Thema Ratsgeschenke an Luther 1525:

* *20 fl. vor ein Stübchen Malvasier, das Quart zu 5 gr.*

* *6 gr. vor ein Stübchen Rheinischen Wein*

* *7 gr. vor 6 Kannen Francken-Wein, das Qv. zu 14 pf. D. Martino auf sein Gelöbniß verehret, Mittwoch nach Trinit*

* *2 fl. 16 gr. 6 pf. vor ein Faß Einbeckisch Bier, D. Martino auf seine Wirthschafft geschenckt. Dienstags nach Joh. Baptistae*

* *1 fl. 8 gr. 3 pf. vor ein Schwebisch, Frau Catharinen, D. Martini ehelichem Weibe, zum Neuen Jahr geschencket*

* *2 f. 16 gr. 2 pf. vor Wein, hat D. Martinus Luther das gantze Jahr über im Stadt-Keller/Stadtkeller holen lassen, und der Rath hats für ihm bezahlet*

* *13 gr. der Dictus Schultzin gegeben, hat D. Martin Luther verzehret, da er auf Erforderung des Raths und gemeinen Stadt, wiederum gen Wittenberg kommen, da er aus der Insul Pathmos kommen. Ist diß Jahr allererst bezahlet worden (Wartburgaufenthalt)*

* *7 fl. 20 gr. D. Martino*

* *20 fl. Schreckenberger, von wegen des Raths und gemeinen Stadt, da er sein Ehelich Beylager und Wirthschafft gehalten, geschencket. Ist von dem Gottes-Haus-Geld entlehnet.*[163]

Der Rat hat Luther und seine Frau also wiederholt bedacht und dem Paar schon für sein Gelöbnis am Folgetag Wein überbringen lassen, zum Festmahl am 27. Juni ein Fass des besonders beliebten und teuren *Einbecker Bier*s bezahlt und die damals hohe Summe von 20 silbernen *Schreckenbergern* aus dem von Luther und seinen Freunden gegründeten *Gemeinen Kasten*, der ersten Armen- und Sozialkasse der Stadtgemeinde, überreichen lassen. Die Lutherin erhielt als Geschenk zum Neuen Jahr 1526 ein *Schwebisch – ein weisses, dünnes und leichtes aus Flachs verfertigtes Gewebe, und von dem Schleyer darinnen allein unterschieden, daß er nicht so klar* *und von der gleichen Güte. Er wird zu vielerley ansehnlichen Putz von dem Frauenzimmer angewendet*[164]. Kopfputz, den also auch die Lutherin in der Öffentlichkeit trug, Wein, den Luther das Jahr über aus dem Ratskeller holen ließ, beglich der Rat; ebenso alte Verzehrschulden des Reformators aus dem Jahre 1522 bei einer Wittenberger Gastwirtin, weil man ihn von der Wartburg zurückkehren lies, damit er hier die eskalierende reformatorische Bewegung in gemäßigte Bahnen lenke.

Wenn größere Familienfeiern anstehen, wird das Haus oftmals renoviert und hergerichtet. Auch Luther hat das 1525 getan. In der Kämmereirechnung heißt es dazu: *Vi gl vor ij thonnen kalck, seyn Doctorij Martino geschanckt worden.* (6 Gulden für 2 Tonnen Kalk, die Luther geschenkt worden sind). Vermutlich benötigte man den Kalk *zur Berappung und Tünchung des inneren Hauses für die Hochzeitsfeier und den Einzug*[165] der Braut Katharina.

Hochzeitsgäste als Zeugen der Eheschließung

Am Tage nach seiner Verlobung und Hochzeit bewirtete das junge Ehepaar seine Gäste vom Hochzeitstag erneut und empfing die ersten Geschenke. Man kann sich vorstellen, wie sich Katharina Haus und Hof zeigen ließ und in der Küche das um 10 Uhr gereichte kleine Mahl zubereiteten ließ. Sicherlich hat sie auch gleich nach den noch aus der Klosterzeit vorhandenen Tieren und dem alten Klostergarten gesehen, in dem Mitte Juni gewiss die Rosen blühten und Heilkräuter wie Salbei, Minze und Liebstöckel auf die tatkräftigen Hände der jungen Hausfrau warteten.

Am nächsten Tag, dem 15. Juni, machte Luther sich daran, Freunde und Familie über seinen vollzogenen Schritt zu informieren und als Gäste für den noch fehlenden öffentlichen Kirchgang und das geplante große Hochzeitsessen am 27. Juni ins Lutherhaus einzuladen. Dabei fällt erneut auf, dass es selbst in den Hochzeitseinladungen nur selten um das Kommen der Ehefrauen der Freunde ging, obwohl Frauen an Familienfeiern natürlich teilgenommen haben. Es war wohl so selbstverständlich, dass man es im Allgemeinen gar nicht erst erwähnt hat. Im Laufe der Jahre hatte sich um Luther ein enger Freundeskreis gebildet, zu dem nicht nur Gelehrte gehörten und der Eltern und Familien miteinbezog. Als man sich zur Hochzeit des Reformators traf, kannte man sich untereinander gut.

Zuerst schrieb der Bräutigam Luther an seine Eislebener Freunde, die Kanzler und Räte Dr. Johann Rühel, Johann Dürr / Thür und Kaspar Müller, die noch ganz unter dem Eindruck der Schlacht von Frankenhausen, der folgenden Hinrichtung Thomas Müntzers und seines eigenen Büchleins *Wider die räuberischen und mörderischen Rotten der Bauern* standen:

Welch ein Zetergeschrei, liebe Herren, habe ich mit dem Büchlein wider die Bauern angerichtet! Da ist alles vergessen, was Gott der Welt durch mich getan hat. Nun sind Herren, Pfaffen, Bauern, alles wider mich und drohen mir den Tod. Wohlan, weil sie denn toll und töricht sind, so will ich mich auch schicken, daß ich vor meinem Ende in dem von Gott erschaffenen Stande gefunden, und nichts von meinem vorigen papistischen Leben, soviel bei mir steht, an mir behalten werde. Ich will sie noch toller und törichter machen, das alles zum letzten Abschied. Denn es ahnt mir selbst, Gott werde mir einmal in seiner Gnade helfen. So habe ich denn nun auf Begehren meines Vaters mich verehelicht und um jener Mäuler willen, damit es nicht verhindert werde, Beilager gehalten. Nun bin ich willens, am Dienstag über acht Tage, am nächsten Dienstag nach Sankt Johannes des Täufers Tag, ein kleines fröhliches Hochzeitsmahl zu halten. ...

Und weil die Zeitläufte in den Landen jetzt so stehen und gehen, so habe ich nicht gewagt, Euch dazu zu bitten und Euer Erscheinen zu fordern. Wenn Ihr aber aus gutem Willen selbst wollt und samt meinem lieben Vater und Mutter kommen könntet, so mögt Ihr selbst wohl ermessen, daß es mir eine besondere Freude wäre. Und was Ihr von guten Freunden zu meiner Armut mitbringen wollt, das wäre mir lieb, nur daß ich bitte, mich davon durch den Boten zu verständigen. ...[166]

Auswärtige Familienangehörige, Freunde und Gäste benötigen Übernachtung und über längere Zeit auch Speis und Trank. Da möchte man schon wissen, wer sich auf die

um diese Zeit nicht nur beschwerliche, sondern auch ge-
fährliche Reise nach Wittenberg begeben würde.

Am 16. Juni 1525 lud er den inzwischen in Altenburg lebenden Georg Spalatin zur Feier und schrieb dem Freund:
*Ich habe denen den Mund verstopft, die mich mit Katharina von
Bora verleumden, mein lieber Spalatin. Wenn es gut gegangen sein
wird und das Festmahl als (öffentliches) Zeugnis für diesen meinen
Ehestand bereitet wird, mußt Du nicht nur teilnehmen, sondern
auch mithelfen, wenn Wildbret nötig wäre. Rede nur Gutes von uns
und bete viel! Mit dieser Heirat habe ich mich so gering und veräcth-
lich gemacht, daß hoffentlich die Engel lachen und alle Teufel wei-
nen. Die Welt und ihre Weisen verstehen das fromme und heilige
Werk Gottes noch nicht und erklären dieses an meiner Person für
gottlos und teuflisch. In dieser Hinsicht gefällt es mir sehr, daß ihr
Urteil über meine Ehe verdammt und zu Schaden kommen wird, wie
viele nur immer weiter in ihrer Unkenntnis über Gott verharren.*[167]
Der Freund erschien zur Feier und sorgte erneut dafür,
dass vom Hofe Kurfürst Johanns das erbetene Wildbret geliefert wurde. Spalatin und Luthers ehemaliger Augustinerbruder Wenzeslaus Link waren dem Reformator so eng
verbunden, dass sie am 13. Februar 1522 bei einem Aufenthalt in Eisleben im Hause Johann Dürrs mit Luthers Eltern
speisten.[168] Als Spalatins Einladung zu dessen Hochzeit am
25. November 1525 eintraf, hatte die Lutherin wegen der
ihrem Gatten auf der Reise drohenden Lebensgefahr große Angst. Ihre Tränen hielten ihren Ehegatten davon ab, zu
seinem Freund zu reisen. In seiner Absage schrieb Luther
traurig und doch humorvoll, er hätte die Goldmünze geschickt, die Spalatin der Lutherin zur Hochzeit geschenkt
habe, wenn das nicht Anstoß erregen würde. Darum schicke er eine Geschenkmünze, von der er nicht wisse, ob sie
eventuell einmal Spalatin gehört habe. *Spalatin solle seine*

Ehefrau Katharina grüßen, wenn er sie im Ehebett umarme, küsse und als Gottesgeschenk lobe, auch Luther werde zur selben Zeit in der Nacht seine gleichnamige Frau Katharina lieben.[169]

Katharinas Familienmitglieder waren entweder schon tot, oder doch weit weg in Diensten. Von ihnen konnte niemand kommen. Unter den Freunden ihres Gatten befand sich der mit ihr verwandte kursächsische Landrentmeister Hans von Taubenheim, dessen Anwesenheit auf der Hochzeit allerdings nicht erwähnt wird. Umso mehr dürfte sie sich über das Wiedersehen mit ihrem Fluchthelfer Leonhard Koppe gefreut haben. Luther sandte Koppe und seiner Frau die Einladung am 17. Juni: *Zudem bitt ich, daß ihr zusampt euer Audi nicht wollet außenbleiben.*[170]

Es ist erstaunlich, dass so viele Briefe, Einladungen und handgeschriebene Zettel die Zeitläufte überstanden haben, zumal, wenn man bedenkt, dass dergleichen meist im Müll landet. Trotz Kriegen, Unwettern und Bränden blieben viele Dokumente erhalten und geben uns heute Einblicke in den Alltag vor 500 Jahren.

Zu jenen, die 1522 im Hause Johann Dürrs in Eisleben mit Luthers Eltern gespeist hatten, gehörte auch sein langjähriger Freund Wenzeslaus Link, den Luther Mitte April 1523 in Altenburg getraut hatte.[171] Der ehemalige Augustinerbruder des Reformators lebte seit 1522 als Prädikant in Altenburg und wurde Ende des Jahres 1525 einflussreicher Pfarrer in Nürnberg.

Am 31. Juli 1525 teilte Luther dem sich noch in Altenburg aufhaltenden Freunde mit, er habe alle Einkünfte des Wittenberger Augustinerklosters Kurfürst Johann überlassen und wolle mit Katharina im alten Klosterhaus wohnen bleiben. Kurfürst Friedrich hatte es dem um seine zukünftige Existenz schwer Besorgten vor seinem Tode geschenkt und sein Nachfolger und Bruder Johann bestätigte den Luthers 1532 den Besitz weiter als steuerfreies Freihaus. Nur einen Tag später aber beklagte sich Luther bei dem Freunde über den Hof Kurfürst Johanns und dessen Gleichgültigkeit gegenüber dem Evangelium: *Ich glaube und erfahre es auch, daß die Tyrannen an unserem Hof nach Friedrichs Tod mehr als früher wagen und mehr gegen das Evangelium wüten würden als die Anhänger Herzog Georgs, wenn sie es nur könnten ... Christus herrscht auch jetzt noch inmitten seiner Feinde, so daß sie mit den Zähnen knirschen und vergehen. Doch ihr Wollen wird zunichte. ... So ist dieser Hof ganz und gar nachlässig gegenüber den Sachen Christi unter einem so guten und so christlichen Fürsten.*[172]

Im Zuge seine Bemühungen, die Berufe eines Drechslers und Gärtners zu erlernen, wandte sich Luther immer wieder an den nach Nürnberg gegangenen Freund und bat ihn um Bohrer und Schrauben aus der wegen der Kleinschmiedekunst berühmten Stadt: *Weil es bei uns Barbaren aber weder Kunst noch Talent gibt, haben ich und mein Diener Wolfgang mit der Drechslerarbeit begonnen. Beiliegend senden wir Dir einen Goldgulden mit der Bitte, uns bei Gelegenheit einige Instrumente zum Aushöhlen und zum Drechseln zu schicken, ebenso zwei oder drei Dinge (die Schrauben heißen), wie sie Dir ein Drechsler ohne Mühe zeigen wird. Wir haben zwar Geräte, suchen jedoch welche, die zierlicher sind und Eurer Nürnberger Form entsprechen. Falls Du etwas mehr Geld ausgeben wirst, soll es Dir ersetzt werden, ich glaube aber, daß bei Euch die Sachen im Preis überhaupt billiger sind. Wenn es nicht zu schwierig ist, wollen wir lernen, durch diese Handarbeit den Lebensunterhalt zu erwerben, falls uns die Welt wegen des Wortes durchaus nicht ernähren will. Laßt uns nach den*

Vorstellungen unseres Vaters im Himmel den Unwürdigen und Un-dankbaren dienen. Gleichzeitig bat er um Sämereien für sei-nen Garten: *Es ist mir willkommen, daß Du mir zum Frühjahr auch Samen versprichst. Schicke daher soviel du kannst, ich warte nämlich sehnsüchtig darauf. Wenn andererseits ich für Dich etwas tun kann, so fordere und sei gewiß, daß es geschieht. Wütet auch der Satan mit seinen Anhängern, ich werde ihn inzwischen verlachen, mich an den Gärten, das heißt, an den Segnungen des Schöpfers er-freuen und sie zu seinem Lob genießen.* Ende des Jahres 1527 teilte er dem über diese Begeisterung erstaunten Freunde sogar mit: *Du wirst für mehr Sämereien in meinem Garten sorgen, so mancherlei du immer kannst, denn wenn ich am Leben bleibe, will ich ein Gärtner werden.*[173]

Wenzeslaus Link unterhielt bis zu dessen Lebensende Briefwechsel mit dem berühmten Freund, sandte ihm Orangen, Quittensaft und 1529 ein neues Wunderwerk, eine Uhr. Link starb 1547 in Nürnberg.

Eine Einladung zur Lutherhochzeit ging auch an den am kursächsischen Hof äußerst einflussreichen Hofrat Hans von Dolzig. Der ehemalige Hofmarschall Kurfürst Friedrichs ist in dessen Auftrag wiederholt in Wittenberg tätig geworden und unterhielt in der Stadt enge Beziehun-gen zu Luther und den anderen Freunden im Lutherkreis. Obwohl er im Juli 1520 auf Befehl des Kurfürsten Friedrich mit Fußvolk in Wittenberg einrückte, um die Auseinan-dersetzungen zwischen Studenten und den Gesellen Cranachs niederzuschlagen,[174] unterhielt er freundschaft-liche Beziehungen zum Hofmaler Lukas Cranach.[175] Nach dem Amtsantritt von Kurfürst Johann wurde Dolzig im Herbst 1525 gemeinsam mit Justus Jonas und Luther bei der anstehenden Reform der Wittenberger Schlosskirche tätig und besuchte die Luthers wiederholt in ihrem Hause.[176] Die Lutherin schätzte Dolzig so hoch, dass sie ihm im Frühjahr 1527 ihre letzten beiden Pomeranzen schicken ließ, damit er schnell von seiner Krankheit genese.[177]

Die *Statuta*, also die Stadtordnung von 1504, ordnete auch das Gebaren der Bürger bei Hochzeiten. Die Feste der reichen Bürger wurden immer luxuriöser und kostspieliger und sollten Regeln unterworfen werden, an die sich alle zu halten hatten.

Im § 46 heißt es, bei Hochzeiten dürfen höchstens zwei Frauen und Männer als *Hochzeitsbitter* die Gäste aus der Nachbarschaft einladen. Da die Zahl der mit jeweils 10 Personen zu besetztenden Tische auf 10 beschränkt war, durften also insgesamt höchstens 100 Personen an der Hochzeit teilnehmen.

Hochzeit-Bitter war im 18. Jahrhundert ein ehrbarer, meist schwarz gekleideter Mann, der mitunter mit einer großen Band-Rose auf dem Hut, oder einem weißen Schnupftuch geschmückt war, der mit einem Kranz und bunten Bändern in der Hand die vom Brautpaar auf dem *Hochzeitszeddel* aufgeschriebenen Gäste zur Feier einlud. Die zur Hochzeit einladende Braut oder der Hochzeitsbitter erhielten in vielen Gegenden von den eingeladenen Hochzeitsgästen jeweils eine Scheibe Brot, die Grundlage der Hochzeitssuppe oder der ersten Suppe in der Ehe wurde.[178]

In älteren Büchern wird mitunter darauf hingewiesen, dass Cranach als Brautwerber Luthers bei Katharina aufgetreten und bei der Trauung am Abend des 13. Juni gemeinsam mit den wenigen Gästen Trauzeuge geworden ist. Ging er in den folgenden Tagen als Hochzeitsbitter durch die Stadt und lud die gewünschten einheimischen Gäste ein? Zu den einheimischen Gästen beim Festessen gehörten erneut Johannes Bugenhagen, Johannes Apel und Justus Jonas und dieses Mal auch Philipp Melanchthon, alle wahrscheinlich auch mit ihren Ehefrauen. Dazu natürlich die Cranachs. Andere Namen werden nicht genannt, zu denken wäre aber gewiss an den im Sommersemester 1525 als Rektor der Universität fungierenden Medizinprofessor Augustin Schurff, der als sein Leibarzt mit Luther eng befreundet war. Zu denken ist aber auch an die Kollegen Luthers an der Universität und besonders der Theologischen Fakultät, an die Bürgermeister Christian Beyer, Thilo Dehne, Anton Niemegk, Hans Hoendorf, an den Amtmann des Kurkreises Wittenberg Hans Metzsch, mit dem Luther lange Zeit befreundet war.

Luthers Hochzeitsgäste am 27. Juni 1525
(Rot unterlegt, Freunde mit besonderer Beziehung zur Braut Katharina)

			Aus	Verhei-ratet mit	
Freund	Johannes Bugenhagen	Pfarrer an der Stadtkirche	Witten-berg	Walpurga	
Freund	Philipp Melanchthon	Professor	Witten-berg	Katharina	
Freund	Justus Jonas	Propst an der Schlosskirche	Witten-berg	Katharina	
Freund	Lucas Cranach und Frau	Hofmaler	Witten-berg	Barbara	Katharinas Kloster-flucht; Pate
Freund	Johann Apel ?	Juraprofessor	Witten-berg	N. N.	
Familie	Hans Luther und Frau	Hüttenbesitzer	Mansfeld	Marga-rethe	
Familie	Dr. Johann Rühel	Rat der Grafen von Mansfeld, Rat Kardinal Alb-rechts	Eisleben		Pate für Martin Luther jun.
Familie	Johann Dürr/Thür	Rat der Grafen von Mansfeld	Eisleben		
Familie	Kaspar Müller	Rat der Grafen von Mansfeld	Eisleben		Pate für Johannes Luther (Hänschen)
Freund	Georg Spalatin	Prediger	Altenburg	(Katha-rina)	
Freund	Leonhard Koppe und Frau	Kaufmann	Torgau	Audi	Katharinas Kloster-flucht
Freund	Hans von Dolzig	Hofrat	Torgau		
Freund	Wenzeslaus Link		Altenburg	Marga-rethe	

Abb. 27 *Luther als Hochzeitsgast, Szene aus dem Panorama „Luther 1517" von Yadegar Asisi*

LUTHER ALS HOCHZEITSGAST

Luther hat immer wieder Hochzeiten für Freunde und Familienangehörige organisiert, Agricola, Melanchthon, Jonas, Bugenhagen, Erbmarschall Hans von Löser 1523[179], Cruziger und die vielen Hochzeiten von Haustöchtern seines Hauses in den folgenden Jahren.[180] Er folgte damit seiner 1521 in einer Predigt über die *Hochzeit von Kana* getroffenen Feststellung: *Gott hat den Ehestand selbst gesegnet und geehrt, hat sich lassen zur Hochzeit einladen und die Hochzeit mit seiner Gegenwart und seinem ersten Wunderwerk geehrt, als er schon ein Prediger war.*[181]

Gemeint ist die biblische Geschichte von Jesu Besuch der Hochzeit von Kana, einer Hochzeit einfacher Leute. Da sie damals nicht genügend Wein für ihre Gäste hatten, hat er als Geschenk an die Brautleute Wasser in Wein verwandelt. Christi Anwesenheit, seine Segnung der Brautleute in ihrem neuen Stand und seine Hilfe bei der Ausrichtung einer angemessenen Feier ehrten in der Folge alle Brautleute und den von Gott eingesetzten Ehestand und sind Luthers Meinung nach für Pfarrer Grund genug, Hochzeitseinladungen ebenso gerne anzunehmen, wie Christi es getan hat.

Die Kirche erwartete jedoch durch die Teilnahme der Geistlichen eintretende Missstände und forderte immer wieder die Geistlichen auf, nicht an Hochzeitsfeiern teilzunehmen, oder sich wenigstens nicht lange dort aufzuhalten.[182]

Luther erwartete von Hochzeitsgästen und sogar vom Gesinde, dass sie zur Ehre des Brautpaares und der Hochzeit ihre besten Kleider anlegen. Sich zur Hochzeit nicht zu schmücken, hieße, nach Luther, die Brautleute zu verhöhnen. Er verlangte, *das hierynn niemand sich keren soll an die saur sehende heuchler und selberwachsene heyligen, welchen nichts gefel-*

let, denn was sie selb thun und leren und nicht wol leyden sollten, das
eyne magd eyn krantz tregt odder sich eyn wenig schmuckt.[183]

DAS BRAUTKLEID DER KATHARINA

Wittenberg feiert seit mehr als 20 Jahren jedes Jahr Mitte
Juni ein Stadtfest zum Thema *Luthers Hochzeit*. Nicht nur
für das dort erscheinende Brautpaar Luther sondern gewiss auch für den Reformator und seine Braut war es 1525
sicher eine aufregende Frage, was ziehen wir an?

Im Mittelalter gab es weder bei der Braut noch beim
Bräutigam anlassgebundene Gewänder mit besonderen
Stoffen, Farben und Schnitten. Das weiße Brautkleid entwickelte sich erst im 18. Jahrhundert aus den Silberroben
der Fürstinnen. Davor trug man zeittypische Gewänder
und schmückte diese nach Vermögen mehr oder weniger
reich mit Pelzen, Stickereien und/oder Silberschmuck.
Reiche Bräute, wie Bianca Maria Sforza, die 1493 in Inns-
bruck den späteren Kaiser Maximilian heiratete, trugen
rote Gewänder, denn die Farbe der Liebe ist Rot. Andere
reiche Damen trugen Blau, wie die Himmelskönigin.
Schwarz als Farbe eines Brautkleides setzte sich erst mit
der Spanischen Hoftracht in der 2. Hälfte des 16. Jahrhunderts durch und war lange Zeit beliebt.

Der Übergang der Braut aus dem Stand der Jungfrau in
den der Ehefrau wurde dadurch symbolisiert, dass die
Jungfrau eigene gelöste, über Schultern und Rücken herabfallende
Haare trug, die durch einen *Schapel* gehalten wurden (ursprünglich durch einen Blumenkranz, *später ein Haar- und*
Stirnreif mit Edelmetall, Textilien, Perlen, Steinen).[184] Im Volksbrauch setzte sich der Gedanke durch, dass Brautkleider
unbedingt neu sein und keinesfalls geflickt sein dürften.[185]

N iemand soll denken, es sei Sünde, wenn man mit der Braut herrlicher verfährt als sonst im gewöhnlichen Leben. Man soll das nicht zu sehr einengen. Es ist keine Sünde, wenn man die Braut hübscher schmückt als sonst ein Mädchen und mehr Gepränge mit ihr treibt ... Gott läßt es geschehen der Hochzeit zu Ehren, damit sie auf diese Weise verherrlicht werde. *Darum muß man hier der Welt ihr Recht lassen (abgesehen von der Übertreibung), indem man eine Braut gebührend schmückt, ißt und trinkt, auch schön tanzt. Man muß darüber kein Gewissen machen. Nur daß man wehrt, wenn es im Übermaß geschieht. Gott kann dem Ehestand zu Ehren wohl zusehen, wenn man fröhlich ist, ob man auch zuweilen ein wenig zuviel tut. Darum soll noch niemand die Gewissen bestricken. ... Aber wenn man nicht Freude darin sucht, sondern Säue daraus werden (wie wir Deutschen tun), das taugt nichts. Da soll man wehren. Ebenso ists auch mit dem Schmücken. Jetzt muß man so viel Perlen und Seide haben, als ob die Braut nicht geschmückt sein, sondern sehen lassen sollte, wie schwer sie tragen könne. Wenn das geschmückt heißt, dann könnte man wohl auch einen Karren schmücken, der könnte noch viel mehr tragen. Aber da fehlts an der Obrigkeit, die sollte sich darum kümmern und Maß setzen,* hielt Luther 1527 den Wittenbergern in einer Predigt über das 1. Buch Mose vor.[186]

Üblicherweise wurde eine Braut von ihrer Familie für die Hochzeit mit einer Aussteuer ausgestattet, das Fest vom Brautvater organisiert und bezahlt. Im Falle des Lutherpaares ging das nicht, denn Katharinas Familie fiel dafür aus und die ehemalige *Braut Christi* besaß nichts. So müssen der Bräutigam und seine Freunde eingesprungen sein. Katharina lebte als eine Art von Haustochter bis zu ihrer Vermählung am 13. Juni 1525 im Hause des reichen Hofmalers und Ratsherrn Lukas Cranach. Cranach und seine Frau Barbara werden der Braut bei ihrem Kleide für diesen Tag beigesprungen sein. Die Trauung verlief in kleinem Rahmen. Katharina könnte dabei ein relativ einfaches, sehr wahrscheinlich neues Kleid getragen haben. Als Jungfrau trug sie ihre Haare offen, geschmückt mit einem Blumenkranz aus dem Garten. Eine Haube oder ein Netz hätten symbolisiert, dass sie ihre Jungfräulichkeit verloren hat.

Für den öffentlichen Kirchgang und das Festmahl am 27. Juni könnte das Gewand Katharinas aufwändiger gewesen sein. Vielleicht hat sie auch etwas Schmuck als *Morgengabe* ihres Gatten erhalten und bei dieser Feier getragen. Brautkronen in Wittenberg zur Lutherzeit sind weder erwähnt noch bildlich dargestellt worden. Das bedeutet jedoch nicht, dass es keine gegeben hat.

Magdeburger Ratsordnung 1560:

Leihgebür für eine glänzend ausgestattete Brautkrone = 6 Groschen, für Perlenhalsband 6 Groschen, für eine Goldschnur 2 Groschen und für eine silbervergoldete Kette 4 Groschen …

Magdeburger Hochzeitsordnungen:

Das Linnen musste von der Braut selbst gesponnen sein, Spinnen spielt im Volksbrauchtum eine große Rolle. 1570 verbot die Hochzeitsordnung, dass fackeltragende Junggesellen als Brautlichte dem Brautpaar auf dem Wege in die Kirche und zum Hochzeitsbett voranschritten.[187]

UNTER DIE HAUBE GEBRACHT

Perlen- und steinbesetzte, oftmals riesige, Brautkronen entwickelten sich im 15. Jahrhundert in der städtischen Oberschicht und im Adel. Galten Kränze in der Frühzeit der Menschen als Zeichen von Hoheit oder Göttlichkeit, wurden sie im Laufe der Zeit auch Zeichen der Ehre, des

Glücks, der Freude und der Liebe. In der Brautmystik spielte der *Schapel* als Brautkranz eine wichtige Rolle. Brautkränze galten als Ehrensymbole für jungfräuliche Bräute und wurden sogenannten *gefallenen Bräuten* bis weit in die Neuzeit hinein verwehrt. In den relativ kleinen dörflichen und städtischen Gemeinschaften spielte die Sozialkontrolle durch anteilnehmende Nachbarn eine große Rolle. Man wusste genau, welchem Mädchen man einen Strohkranz schicken und welches Brautpaar man nur durch ein *Schwarzes Tor* gehen lassen musste. Die Kirche hat das Tragen der Brautkränze gefördert. Mit Blumenkränzen schmückte man gerne auch die Bräutigame. So stellte Cranach d. Ä. auf den Hochzeitsbildern von Sibylla und Johann Friedrich von Sachsen, dem späteren Kurfürstenpaar, beide mit Kränzen aus Bittersüß (Solanum Dulcamara) und Nelke geschmückt dar. Blumenkränze, sagt der Volksbrauch, sollten den jungfräulichen Bräuten fröhlich gebunden werden und ganz frisch sein, wenn man sie den Bräuten aufsetzt. Mitunter schüttete man Leinsamen auf die Brautkränze, schmückte sie mit Getreideähren oder nahm gleich einen Erntekranz als Brautkranz. Über das Brautpaar geworfene Getreidekörner galten als Fruchtbarkeitssymbole und sollten zu reichem Familienzuwachs verhelfen. Brautkränze durften keinesfalls wackeln oder gar verrutschen.[188] Mit Kränzen auf dem Haupt, am Hut oder Revers wurden auch die Bräutigame geschmückt.

Glück- und Liebe verheißende Kränze für Braut und Bräutigam trugen auch angehende Nonnen und Mönche während ihrer *Primiz* und symbolisierten so ihre Vermählung mit Christus. Unverheiratet gestorbenen Mädchen und Frauen, später auch unverheiratet gestorbenen Jungen und Männern richtete man eine *Totenhochzeit* aus und schmückte die Leichen oder ihre Särge mit *Totenkronen* und Kränzen.

Luthers Tochter Magdalena träumte in der Nacht vor ihrem Tode, zwei Jünglinge edler Gestalt und schön geschmückt, seien zu ihr gekommen und hätten gesagt, sie seien geschickt, sie zur Hochzeit zu führen. Melanchthon habe aber gleich am Morgen den Traum dahin gedeutet, die Jünglinge seien Engel, welche kommen und die Jungfrau zur wahren Himmelshochzeit führen würden.[189]

Am Tage nach der Hochzeit legte meist die Brautmutter der jungen Ehefrau, mitunter auch die Braut sich selbst, das *Gebende* an, das *durch seine herbe Geschlossenheit* imstande war, *seinen Trägerinnen ein hohes Maß von strenger Zurückhaltung und feierlicher Würde zu verleihen.*[190] Die meist aus weißem Leinen hergestellten Gebende und Schleier der verheirateten Frau konnten die interessantesten Formen annehmen und waren Grundlage modischen Kopfputzes bis hin zu den zur Lutherzeit beliebten Haarnetzen und eng am Kopf anliegen Calotten, die durch mehr oder weniger prächtige Barette gekrönt wurden. Das Bedecken der Haare symbolisierte die rechtliche Unterwerfung der Ehefrau unter ih-

Abb. 28 *Die Lutherin mit Haube, Gemälde von Lukas Cranach d. Ä.*

ren Ehemann; unverheiratet unterstand sie rechtlich ihrem Vater oder einem anderen männlichen Vormund. Unter die Haube zu kommen und so Zeit ihres Lebens rechtlich geschützt und wirtschaftlich versorgt zu sein, war lange Zeit besonders in den gehobeneren Ständen das große Lebensziel junger Mädchen und Frauen. Man denke nur an die wunderbaren Romane der Jane Austen, die die aussichtslose Lage der Unverheirateten zeigen, die selbst keiner Arbeit nachgehen durften, wollten sie unbescholten und *standesgemäß* bleiben und ihren Lebenshöhepunkt in der Hochzeit haben ...

KIRCHGANG UND BRAUTMESSE

Am Ende der für das junge Lutherpaar aufregenden ersten gemeinsamen Tage zwischen ihrer Trauung und dem öffentlichen Kirchgang trafen die weitgereisten Hochzeitsgäste ein. Luther stellte seine Braut erstmals seinen Eltern und weitgereisten Freunden vor. Alle mussten untergebracht und beköstigt werden. Katharinas junger Haushalt lief an, sie musste sich um das Gesinde kümmern, Trinkwasser beschaffen lassen, Lebensmittel einkaufen, kochen und backen, die Haustiere versorgen, den Klostergarten wässern, ihren Gatten repräsentieren und vieles mehr.

Am 27. Juni 1525 versammelten sich die aus Wittenberg und von weither gekommenen Gäste und begleiteten das junge Lutherpaar auf seinem ersten gemeinsamen öffentlichen Kirchgang und der Brautmesse in der Stadtkirche. Für Christen sei es *Gewissenspflicht, den göttlichen Segen und die gemeindliche Fürbitte vom Pfarrer zu begehren; sie bedürften dessen zu dem hohen ernsten Stande; mit gutem Recht hätten die alten Christen die Gewohnheit, Braut und Bräutigam zur Kirche zu führen, gestiftet; und viel nötiger sei es, den göttlich gestifteten Ehestand mit Einsegnen zu zieren ..., auch um des jungen Volks willen, damit es jenen Stand mit Ernst ansehen lerne.* Ansonsten gelte auch die nicht kirchliche Eheschließung. Doch Luther fand es sogar als verwerflich, wenn jemand von dieser rechtlichen Freiheit, ohne kirchliche Feierlichkeiten in die Ehe zu treten, Gebrauch machen wollte.[191] Somit können wir den öffentlichen Kirchgang zur Bezeugung ihrer Ehe vor der Wittenberger Gemeinde als gegeben ansehen.

Alle Hochzeitsgäste waren festlich gekleidet und mit frischen Blumen geschmückt. Vielleicht gingen Kinder dem festlichen Zug voran und bestreuten den Weg des Brautpaares mit Blumen, denn Blumen symbolisieren den Auferstandenen und feiern die Überwindung des Todes durch das für die Gläubigen von Christus errungene ewige Leben. Luther liebte Blumen so sehr, dass er selbst während der Leipziger Disputation einen duftenden Nelkenstrauß in seinen Händen hatte, wie ihm Thomas Müntzer später vorwarf.[192] Nelken fanden im Mittelalter wegen ihres Duftes, ähnlich den Gewürznelken und Muskatnüssen im Liebeszauber Verwendung. Nelkenduft deutete die Tugenden der Gottesmutter an und lies die Blumen zu Marienblumen aufsteigen, die die Reinheit und Mutterschaft Mariens versinnbildlichen. Nelkenkränze wurden geradezu ein Symbol für Brautpaare und die Blumen massenweise in Torgau angebaut und von dort aus vermarktet.[193] Auch Katharina dürfte

Abb. 29 *Die Wittenberger Stadtkirche St. Marien, in der die Brautmesse für das Lutherpaar gehalten und alle seine Kinder getauft wurden*

bei ihrem Kirchgang im Juni 1525 einen Brautstrauß, einen Nelken- oder Rosenstrauß gehabt haben. Der Brautzug wurde häufig von Musikanten, wie dem Türmer, begleitet. Er wurde dadurch besonders freudig und festlich und trug dazu bei, dass der Zug von den nichtteilnehmenden Einwohnern in der lauten Stadt gesehen und damit öffentlich wahrgenommen wurde.

In manchen Gegenden trugen Bräute an Stelle des Brautstraußes einen reichverzierten Wachsstock zur Kirche, der während der Brautmesse am Ewigen Licht angezündet wurde und neben der Braut brannte. In seinem Traubüchlein wandte Luther sich 1529 gegen die zum Vergnügen der Gäste betriebenen Scherze im Zusammenhang mit Kirchgang und Brautmesse und mahnte: *das diesen stand das iunge volck lerne mit ernst ansehen und ynn ehren halten als ein Göttlich werck und gebot Und nicht so schimpflich da bey seine narreit treibe mit lachen, spotten und der gleichen leichtfertigkeit, so man bis her gewonet hat, gerade als were es ein schertz odder kinder spiel, ehelich zu werden odder hochzeit machen.*[194] Dennoch kam es in der Folge bei Hochzeiten von Wittenbergern immer wieder zu skandalösen Vorfällen. Für die Lutherhochzeit ist derartiges jedoch nicht überliefert. Das Halten der Brautmesse, mit der von Luther befürworteten Hervorhebung der Göttlichkeit des Ehestandes, und die Segnung des Brautpaares waren an diesem Junitage Aufgaben des Stadtkirchenpfarrers und Freundes Johannes Bugenhagen.

DIE HOCHZEITSFEIER

Reichere Wittenberger feierten nach dem Kirchgang gerne im angemieteten Saal des Alten Rathauses. Das Lutherpaar hingegen zog mit seinen Gästen zurück ins Lutherhaus, wo sie das Hochzeitsmahl und den Hochzeitstanz gewiss im ehemaligen *Refektorium* der Augustinermönche genossen haben, das nun Speisesaal der Luthers und ihrer Hausgäste wurde.[195] Auch wenn Luther manchmal über die für bürgerliche Verhältnisse ungewöhnliche Größe seines Hauses und die sich daraus ergebenden hohen Unterhaltungskosten stöhnte, so gab ihm das große Haus auch Möglichkeiten privaten Rückzugs, die er angesichts seiner ständigen Sorge vor übler Nachrede gewiss auch an seinem Ehrentag bei seiner *Wirtschaft* genossen hat.

Hochzeitessen durften in Wittenberg laut der 1504 vom Rat veröffentlichten *Statuta* höchstens an zehn Tischen zu je zehn Personen gereicht werden. Die Zahl der Hochzeitsgäste wurde also auf maximal 100 begrenzt. Ihnen durfte man höchstens fünf Gerichte reichen und sie nur am Hochzeitstage bewirten, außer bei auswärtigen Hochzeitsgästen. Schülern, die die Feier mit ihrem Gesang verschönten, sollte eine Hochzeitssuppe gereicht werden. Der mit seiner Familie auf den Türmen der Stadtkirche lebende Hausmann oder *Türmer* musizierte häufig bei Hochzeiten. Für Übertretungen der Statuta wurden hohe Strafen angedroht.[196]

In den Ordnungen ist meist von einer bestimmten Zahl der Personen die Rede, die an einem Tisch Platz nehmen durften. Auch auf zeitgenössischen bildlichen Darstellungen von Festessen sind meist einzelne Tische zu sehen. Wahrscheinlich hat man im Refektorium diese Sitte beibehalten und meist an kleineren Tischen getafelt. Diese Tische ließen sich aber auch zu einer langen Festtafel aufbauen, denn sie bestanden aus hölzernen Böcken, auf denen die Tafel aufgelegt war und so auch schnell aufgehoben werden konnte. Gemeinhin saß man auf mit Kissen

Abb. 30 *Das Refektorium im Lutherhaus, 1525 Schauplatz von Luthers Hochzeitsfeier*

gepolsterten Bänken, teils mit Lehne. Besonders zu ehrende Personen, wie der Hausherr, hatten oft eigene Stühle. Man hatte immer Tischtücher. Bei Tisch aßen selbst an gehobenen Tafeln häufig zwei Personen aus einer Schüssel, nutzten mitunter sogar ein gemeinsames Glas oder einen gemeinsamen Trinkbecher. Gabeln waren nur zum Vorlegen üblich, nicht zum Essen. Da nahm man gerne ein *Tellerbrot* zur Hand, mit dem man auch Tünchen und Soßen aufnehmen konnte. Suppen aß man mit Löffeln.

Es war eine Zeit, in der starkes Essen und Trinken, *Fressen und Saufen*, als Zeichen der Wohlhabenheit galt und beim Adel geradezu als repräsentativ. Luther hat sich immer wieder gegen diese Sitte ausgesprochen und die damals oft alkoholisierten Deutschen sogar in das Reich der Säue verwiesen. Alkoholismus war in allen Ständen ein großes Problem. Das wundert nicht, wenn man bedenkt, dass Wasser oft so verschmutzt war, dass man es aus Sorge vor Krankheiten nicht trinken konnte. Selbst kleine Kinder erhielten in dieser Not dünngebrautes Bier, *Kofent*, oder mit Wasser verdünnten Wein. Katharinas Küche war offenbar einfach und gut. Luther hat sie genossen, wie auch das von ihr gebraute Bier. Er saß gerne in fröhlicher Runde. Katharinas Koch- und Braukunst taten mit ihrem Mann das, was bei älter werdenden Menschen normal ist, er wurde dicker. Seine Prasserei und Sauflust gehören gewiss ebenso in das Reich der Legende wie viel anderes „Wissen" um den Reformator.

Der Wittenberger Rat, dessen Mitglieder mit ihren Damen sicherlich eingeladen waren, sandte zum Festmahl ein Fass *Einbeckisch Bier*. Der Bräutigam hatte in seinem Hochzeitsbrief an Leonhard Koppe um *Torgisch Bier gebeten*. Wir erinnern uns, in seinem Hochzeitsbrief an Georg Spalatin hatte Luther nicht nur dringend um das Erscheinen des Freundes zu seinem Hochzeitsfest gebeten, sondern auch um etwas Wildbret von Kurfürst Johann.[197] Bei Luthers Hochzeitsessen wurden also die besten denkbaren Biere gereicht und das sonst nur auf den Tischen des Adels erscheinende Wildbret. Das Lutherpaar startete auf gehobenem Niveau in seine Ehe und hat dieses Niveau sowohl im Umgang als auch wirtschaftlich halten können.

Wildrezepte zur Lutherzeit[198]

Rostschnitten von Hirsch oder Reh: Man schneidet lange Streifen aus dem Wildfleisch. Dann hackt man Rindertalg mit Petersilie, Thymian, Pfeffer und Salz, legt die Fleischstücke nebeneinander und bestreut sie mit dem Gehackten. Dann rollt man sie zusammen, steckt sie an einen eisernen Spieß, brät sie. Wenn sie fertiggebraten sind, übergießt man sie vor dem Auftragen auf den Tisch mit dem Bratfett. – Hat man eine Rehkeule, füllt man die Fleischstreifen mit Schweinefett, Petersilie und Muskatblüte und steckt sie dann, abwechselnd je ein Stück Fleisch und ein Stück Speck, auf Holzspieße, brät alles schnell und begießt sie zusätzlich mit Butter.

Krapfen aus Resten von Huhn oder Wildbret, gebacken oder gekocht: Man hacke das Fleisch klein, schlage in eine Schüssel Eier und werfe gehackte Petersilie dazu, schütte das Fleischgehäck hinein und würze und salze alles. Damit es nicht zu dünn wird, mische man gekochten Honig, Wein und geriebenen Lebkuchen unter, dann hält es besser zusammen und lässt sich leichter formen. Die Krapfen sind schnell gar gebacken, wie man an ihrer Bräune sieht, wenn man sie herausholt. Alle Krapfen kann man mit Zucker betreuen.

Gebratene Hirsch- und Wildschweinfüße: Man brät sie ohne jede Zutat auf dem Rost. Dann bereitet man aus Speck, Kümmel, ein wenig Weißbrot und Essig eine Tunke. Zum Anrichten wird mit Salz und Pfeffer gewürzt. – Eine zweite Tunke kann man aus ganzen Nelken, Lorbeerblättern, ganzen Muskatblüten und Rindfleischbrühe, auf der einige Fettaugen schwimmen, kochen.

Gebratene Wildschweinkeule: Man schneidet die Wildschweinkeule auf und schneidet das magere Fleisch aus dem Inneren heraus. Dieses Fleisch hackt man klein, fügt drei oder vier Eidotter hinzu, Pfeffer, Lattich und zerschnittene Feigen, vermengt alles und füllt die Masse in die Keule.

Dann schließt man die Keule mit kleinen Holzstäbchen, brät sie. Zum Schluss werden weitere drei oder vier Eidotter in die Bratenbrühe gegeben und die Tunke mit aufgetragen.

Gesottene Wildschweinkeule: Man gart eine Wildschweinkeule in Wasser mit Wein, zieht dann die Schwarte ab und steckt Nelken in die Keule, lässt sie nochmals kochen und serviert sie warm oder kalt.

Gedämpftes Wildbret: Man nimmt das Fleisch, steckt es an einen Spieß und brät es zur Hälfte gar. Dann zieht man es ab und legt es in einen Kochkessel. Man gibt feingeschnittene Zwiebeln dazu und füllt es mit einer kräftigen Brühe auf, lässt alles kochen, fügt Essig, Gewürze und Wacholderbeeren hinzu und schmeckt es ab. Denn man muss bei den Speisen die Zubereitung kosten und probieren. Mancher Koch ist zu faul und träge und weiß nicht, ob das, was er kocht, mundet oder nicht.

LUTHERS HOCHZEITSTANZ

Obs denn auch Sünde ist, zur Hochzeit zu pfeifen und zu tanzen? Dies fragte sich Luther und erkannte 1525 in seiner *Kirchenpostille*: *Weil Tanzen Landessitte ist, ebenso wie Gäste laden, sich schmücken, essen und trinken und fröhlich sein, so möchte ich es nicht verdammen, außer wo es zu weit geht, wo es unzüchtig oder zu viel ist. Wenn aber dabei Sünde geschieht, so ist daran nicht der Tanz allein schuld ... so wie nicht das Essen oder Trinken daran Schuld ist, wenn gewisse Leute daran zu Schweinen werden. Wenn es aber züchtig zugeht, lasse ich der Hochzeit ihr Recht und ihren Brauch, und tanze immerhin. Der Glaube und die Liebe lassen sich nicht austanzen noch aussitzen, wenn du im Tanzen züchtig und im Trinken mäßig bist. Die jungen Kinder tanzen ja auch, ohne zu sündigen. Machs ebenso: werde ein Kind, so schadet dir der Tanz nicht.*

Wenn das Tanzen an sich Sünde wäre, dürfte man es auch den Kindern nicht gestatten.[199]

Später hielt er Kritikern zum Thema *Tanzen* entgegen: *Wenn man vom Tanzen sagt, es bringe viele Reizung zur Sünde, so ist das wahr, wenn es dabei außer Rand und Band geht. Aber es kann einer auch wohl mit einer schön tun, die weder Schmuck noch Schönheit hat. Denn die Liebe ist blind und fällt auf den Dreck, als wärs ein Lilienblatt. Weil denn auch Tanzen Brauch der Welt wie des jungen Volkes ist, das zur Ehe rüstet: das ist nicht zu verdammen, wofern züchtig, ohne schandbare Weise, Worte und Geberde, nur zur Freude geschieht.*[200]

Die Reformatoren feierten gerne. So berichtete der Stadtschreiber Urban Balduin staunend: *Ey noch mehr, ich hab Melanchthonen mit der prebstin sehen tantzen, es ist mir wunderlich gewesen.*[201] Melanchthon tanzte im Sommer 1529 mit Katharina Jonas! Auch wenn soviel offensichtliche Lebenslust bei Melanchthon selten gewesen ist, könnte Luther öfters tanzend gesehen worden sein. Vielleicht war das so normal, dass es nicht einmal anlässlich seiner eigenen Hochzeit einer Erwähnung wert schien.

HOCHZEITSGESCHENKE

Luther wies einmal darauf hin, dass die guten Wünsche der Hochzeitsgäste für das Brautpaar positiv auf sein Eheleben wirken und sie es ihnen in schweren Stunden erleichtern würden.[202]

Beliebte Hochzeitsgeschenke, auch als *Morgengabe* des Ehemannes an seine junge Frau, waren silberne Becher. Die Reformatoren erhielten oftmals auch silberne oder gar goldene Geldstücke und Medaillen und manchmal wertvolle Kleidungsstücke. Nachdem Kardinal Albrecht von Brandenburg durch seine Ratgeber von der Hochzeit Luthers gehört hatte, sandte er ihm durch Johann Rühel ein sehr großzügiges Hochzeitsgeschenk von 20 Goldgulden. Luther habe es abgewiesen, heißt es, doch die Lutherin habe es gerne angenommen.[203] Kurfürsten, andere adelige Gönner, wie die Fürsten von Anhalt und der Rat der Stadt, sandten neben Geldzuwendungen meist auch kostbare Lebensmittel. Man muss dabei immer bedenken, dass man Lebensmittel angesichts schlechter Straßen und fehlender Kühlung kaum transportieren konnte. Man musste das meiste selbst erzeugen. Nur wer dazu in der Lage war, hatte auch genug zu essen. Die Preise auf dem Wittenberger Markt stiegen und stiegen. Es gab regelrechte Teuerungswellen und die Reformatoren hatten angesichts der Armut und des Hungers Grund, sich massiv um soziale Fragen zu kümmern.

Reformation ist auch eine soziale Bewegung. Wenn wir also immer wieder Geschenke von Lebensmitteln an einen der Reformatoren registrieren, Bier, Wein, Wildbret, Hechte und Lachse aus der Elbe, Salzheringe und Butter in Fässern, Käse, Kirschen, Südfrüchte und vieles andere mehr, so ist das eine besondere Auszeichnung für sie und sonst gewiss nicht üblich. Damals lebten selbst viele Pfarrer in tiefer wirtschaftlicher Not.[204]

Die Wittenberger Reformatoren waren wohlhabende Leute, die relativ komfortabel leben konnten.

CRANACHS HOCHZEITSBILDER

Die Maler des 15. und 16. Jahrhunderts entdeckten die Persönlichkeit des einzelnen Menschen und haben wundervolle Porträts geschaffen. Doppelporträts von Brautleuten oder Ehepaaren wurden modern, auch Doppelporträts von Luther und Melanchthon, oder von den drei ernestinischen Kurfürsten von Sachsen Friedrich, Johann und Johann Friedrich. Zwischen 1525 und 1528 entstanden bei Cranach etliche Doppelporträts des Lutherpaares *als öffentliches Bekenntnis zur Rechtmäßigkeit der Ehe zwischen dem ehemaligen Mönch und der entlaufenen Nonne.* Man argumentiert, die Vielzahl der überkommenen Porträtpaare und Einzelbilder beweise, dass es Luther und dem Malerfreund nicht um die Darstellung der Lutherin als Mensch ging, nicht um ihr Porträt, sondern um ihre Stellung als rechtmäßige Ehefrau des Reformators. Bilder bürgerlicher Paare seien sonst nur in einem Exemplar nachweisbar, was deren Privatheit beweise.[205]

Glaubt man aber Luthers Hausgenossen Johannes Aurifaber, so entstand zuerst das Porträt der jungen Lutherin: *ES hatte Lucas Chranach der elter, Doctor Martini Luthers Hausfraw abconterfeiet … Als nu die Tafel ander Wand hienge, vnd der Doctor*

das Gemelde ansahe, Sprach er, Jch will einen Man darzu mahlen lassen, Vnd solche zwey Bilder gen Mantua auff das Concilium schicken, vnd die Heiligen Veter alda versamlet, fragen lassen, Ob sie lieber haben wollten den Ehestand, der den Coelibatum das Ehelose Leben der Geistlichen.[206] In Luthers Augen waren seine Hochzeitsbilder geradezu Kampfbilder gegen das Zölibat und für den von Gott gegebenen Ehestand.

Der Dominikanerprior Johannes Mensing, seit 1527 Hofpredi-

Abb. 31 *Luther als junger Ehemann, Gemälde von Lukas Cranach*

Abb. 32 *Luther und seine Frau, Hochzeitsbilder in Basel*

ger der Fürstin Margarethe von Anhalt in Dessau, wandte sich aus Magdeburg gegen diese Bilder und meinte, Luther wolle das Gedächtnis Christi aus den Herzen der Menschen reißen, doch *das bilde der widderchristus, Luthers sampt seyner aussgelauffen Nönne, setzen sie an die stad ynn yren heussern und schlafkamern.* Anstoß nahm neben dem Dominikaner Mensing auch Johannes Fabri. Der Koadjutor des Bischof von Wiener Neustadt meinte, die Reformatoren seien nichts anderes als Kirchenräuber, die sich selbst den Bauch füllen wollten und sich *reiche schöne weiber* [nähmen – E.St.], *die zciehen heryn mit güldenen ketten, ringen, vnd seydenen cleydern, wie die Gräfin, wie man dann in einem seydenen Cleyd, und güldener hauben, den auszgeloffen Nonnen auff deiner hochtzeit, hat müssen abcontrafeyen.*[207]

Die Cranachs, Vater und Sohn, arbeiteten üblicherweise mit ihren zeichnerischen Porträtaufnahmen, die sie in ihrem Hausarchiv gesammelt hatten. So konnten sie, ohne den zu Porträtierenden vor Augen zu haben, immer sofort reagieren, eine Vorzeichnung aus ihrem Archiv holen und

Abb. 33 *Luthers Eltern, Gemälde von Lukas Cranach*

das gewünschte Gemälde schaffen. 1527 entstanden eindrucksvolle Porträts von Luthers Eltern. Sind die Porträtaufnahmen während ihres Aufenthaltes in Wittenberg anlässlich der Hochzeit des berühmten Sohnes entstanden? Hat der Maler selbst die Idee dazu gehabt oder war es ein Wunsch des Freundes, der seine im Mansfelder Land lebenden Eltern nur selten und dann meist kurze Zeit sah?

Weitere Angriffe gegen seine Hochzeit blieben dem Lutherpaar auch nach seiner Hochzeit nicht erspart. Es blieb nicht bei den erwähnten verbalen Attacken gegen die Lutherin und Walpurga Bugenhagen, weil beide Frauen ehemalige Mönche geheiratet hatten. Immer wieder erschienen in den folgenden Jahren Schmähschriften, in deren Mittelpunkt die Wittenberger Reformatorenfrauen und besonders die Lutherin standen. Es ging den Autoren nicht um die Frauen, sondern um die Verunglimpfung der von ihnen mit den Reformatoren eingegangenen Ehen. Dennoch werden gerade die Schmähschriften gegen die Frauen, die ja weite Verbreitung fanden, den Ehefrauen der Reformatoren arg zugesetzt haben. Die Lutherin stand im Zentrum der Angriffe und ihr Bild erschien sogar auf den Titelblättern der sie verleumdenden Flugschriften.

JUNG VERHEIRATET

An ihrem Festtage erhielt der Bräutigam Besuch der nun etwa 18-jährigen Anna Karlstadt. Annas Vater war der erbeingesessene Christoph von Mochau, der in Seegrehna ein kleines Gut hatte, wirtschaftlich aber schon lange angeschlagen war. Ihre Schwester Margarethe von Mochau gehörte während der Pest 1527 zu den Kranken, die im Lutherhaus darniederlagen und sich wider Erwarten erholten. Das freundschaftliche Verhältnis zwischen Annas Ehemann Karlstadt und dem Bräutigam Luther hatte sich in den vergangenen Jahren stark abgekühlt. Spätestens seit 1522 wurden den Wittenbergern die hier gedruckten Schriften Karlstadts unbequem und von ihnen als aufrührerisch dargestellt. Infolge einer Inspektionsreise Luthers im Spätsommer 1524 wurde seinem ehemaligen Doktorvater am 18. September 1525 in dessen Pfründe Orlamünde sogar die von Kurfürst Johann veranlasste Ausweisung aus Kursachsen überreicht.

Karlstadts junge Ehefrau erschien während der Feierlichkeiten zu Luthers Hochzeit am 27. Juni im Lutherhaus und überreichte dem Bräutigam die von ihrem Gatten verfasste Schrift *Entschuldigung des falschen Namens*. Luther schrieb dazu eine Vorrede und nahm die Familie für einige Zeit *heimlich* in seinem Hause auf. Seine abreisenden Hochzeitsgäste machten also Platz für den in

Abb. 34 *Luther und seine Frau Katharina auf dem Titelblatt einer gegen ihre Ehe gerichteten Flugschrift*

153

Misskredit geratenen alten Freund.[208] Nach der Ausweisung, die für die junge Familie äußerste wirtschaftliche Not bedeutete, ließ man es zu, dass Karlstadt sich im Heimatdorf seiner Frau, in Seegrehna, niederließ. Dort wurde dem Paar im Februar 1526 ein Sohn geboren und von Luthers Freunden Jonas und Melanchthon sowie von Luthers Frau Katharina über die Taufe gehalten. Nach fürchterlichen Notjahren erhielt Karlstadt 1534 eine Bibel-Professur an der Universität Basel und starb dort am 24. Dezember 1541 an der Pest.[209]

Kaum waren die Karlstadts ausgezogen, wurden in der Nacht von 28. zum 29. September 1525 im Lutherhause 13 Nonnen aus Herzog Georgs Landesteilen aufgenommen. Sie waren ebenfalls mithilfe von Leonhard Koppe nach Wittenberg geflohen. Der Herzog beschwerte sich darüber am 28. Dezember 1525 in einem Brief an Luther: *Dazu hast du zu Wittenberg ein Asylum angerichtet, daß alle Mönche und Nonnen, so uns unser Kirchen und Klöster berauben mit Nehmen und Stehlen, die haben bei dir Zuflucht, Aufenthalt, als wäre Wittenberg, höflich zu nennen, ein Ganerbenhaus alles Abtrünningen unseres Landes.*[210]

Das Lutherhaus blieb zu Lebzeiten des Reformators für die unterschiedlichsten Menschen aller Berufe und Stände Flucht- und Schutzhülle. Als wäre das Haus eine Art Hotel kamen ständig entlaufene Klosterinsassen, Freunde mit ihren Familien, Kinder von Verwandten sowie Studenten zu ihnen. Sogar die aus Brandenburg geflohene Kurfürstin Elisabeth lebte lange Zeit im Lutherhause und wurde hier in ihrer Krankheit versorgt.

Im Juni 1526 wurde mit Johannes das, liebevoll *Hänschen* genannte, erste Kind der Luthers geboren. Ihm folgten noch fünf weitere Geschwister, die dem Paar viel Freud, aber auch großes Herzeleid brachten. Um das alles und den zusätzlich beginnenden Aufbau der Landeskirche stemmen zu können, hat das Lutherpaar Ungeheures geleistet. Ihre Ehe gab beiden nicht nur Liebe, sondern auch Kraft und Halt.

Die Rolle der Frau bei Luther und seinen Freunden

Kirche, Küche, Kinder – den Frauen seien durch die Reformation die drei **K** zugewiesen worden: so hört man bisweilen. Aber so einfach ist es nicht, denn es war Luther, der darauf hinwies, dass Gott die Frau als Gefährtin für ihren Gatten geschaffen hat. In der Ehe sollten beide Partner gleichberechtigt sein und den anderen als Gottesgeschenk liebevoll annehmen.

Luther äußerte sich häufig über die Frauen und meinte einmal bei Tisch: *Wolan, wenn man dis Geschlecht, das Weiber Volck, nicht hette, so fiele die Haushaltung vnd alles was dazu gehere, lege gar darnieder. Darnach das Weltliche Regiment, Stedte vnd die Policey. Summa, die Welt kann des Weiber Volcks nicht emperen, da gleich die Menner selbs köndten Kinder tragen.*[211]

In der damaligen Gesellschaft hatte man nichts zu essen, wenn man die Lebensmittel nicht selbst und auf eigenem Grund erzeugte, lagerte und verarbeitete. Da die Männer an den Universitäten, als Pfarrer, Lehrer, in ihrem Handwerk oder in der Verwaltung das für die Familie notwendige Geld erwarben, brauchten sie stets Hilfe für ihren Haushalt: Wer wollte schon auf nicht aufgeschüttelten Strohsäcken schlafen und sich immer in der Garküche hinter dem Rathaus mit einer warmen Mahlzeit versorgen oder auf Einladungen zum Essen hoffen? Luther verheiratete seine Freunde, weil er wusste, ein Ehepartner wird das alles übernehmen und so auch für ihre Arbeitsfähigkeit und Gesundheit sorgen.

Frauen trugen zum repräsentativen Auftreten ihrer Männer bei und glänzten durch ihre Schönheit, Sittsamkeit, Frömmigkeit und Hingabe an die Familie. Frauen haben immer viele hochqualifizierte Berufe ausgeübt. Sie erzeugten das zur Versorgung der Familie notwendige Getreide, Gemüse und Blumen, züchteten Haustiere, butterten und kästen. Sie *fuhrwerkten* und bauten selbstständig landwirtschaftliche Güter auf. Vor allem die Frauen brauten bis ins 19. Jahrhundert das so lange lebensnotwendige Bier und bestimmten dessen Qualität. Frauen und ihre Mägde holten das Wasser aus den Brunnen oder Bächen und versorgten damit ihre Küche, das Vieh und ihre Gärten. Sie waren sehr häufig schwanger, gebaren die Kinder und zogen sie auf. Sie kochten und buken in ihren *Schwarzen Küchen*, spannen Garn, strickten, flickten und wuschen die Kleidung. Zudem beaufsichtigten sie das Gesinde, gingen fast täglich zum Markt, pflegten im Krankheitsfalle und unterhielten eine Hausapotheke. Sie sorgten sich um die Seelen aller Familienmitglieder, trösteten, sangen und lasen die Bibel. Die Bücher gehörten im Erbrecht lange Zeit zur *Gerade* der Frauen, nicht zum *Heergewette* der Männer!

Frauen verkauften in Abwesenheit ihrer Männer die von den

Abb. 35 *Trauerkleidung der Wittenbergerinnen auf einem Epitaph an der Stadtkirche*

Abb. 36 *Denkmal für die Lutherin auf dem Lutherhof, Nina Koch 1999*

Männern gefangenen Fische, die Brote und sogar die Bücher. Sie schrieben Briefe und Eingaben. Frauen, wie die mit dem Apotheker Caspar Cruziger verheiratete Anna Cranach, führten in Abwesenheit ihrer Männer die Bücher, zum Beispiel beim Bau der *Wittenberger Röhrwasser*. Sie trieben nicht gezahlte Gelder ein und liehen dem Rat aus eigenem Besitz größere Summen.

Frauen begleiteten die Trauerzüge zum Friedhof, oftmals ohne ihre Männer. Sie ließen kaum einen Gottesdienst aus und tanzten auf den Familienfesten mit ihren Ehemännern und deren Freunden. Frauen, wie die Lutherin, übten jeden Tag Arbeiten aus, die erst später, als die Männer sie zu ergreifen begannen, als Berufe von der Gesellschaft anerkannt und geachtet wurden. Frauen verdienen bis heute bei gleicher Tätigkeit weniger als ihre männlichen Kollegen und sind noch immer selten die Chefs. Rechtlich unterstanden sie bis ins 20. Jahrhundert ihren Vätern, Vormunden und Ehemännern. Eltern haben Ehen ihrer Kinder bis in die 60er Jahre arrangiert.

Und doch haben Frauen wie die Lutherin erfolgreich um ihre Kinder und ihre wirtschaftliche Selbstständigkeit gekämpft. Sie haben zum Lutherischen Gesangbuch beigetragen, wie die schon erwähnte und von Luther sehr verehrte Elisabeth von Meseritz, die er dem Theologieprofessor Caspar Cruziger angetraut hatte. Einige Frauen, mit denen Luther in Verbindung stand, haben sich sogar mit eigenen Streitschriften in die Diskussion der Männer um den rechten Glauben eingemischt. Luther und seine Freunde führten nicht nur gute Ehen, sie schätzten die Frauen und ihr Wirken hoch und erkannten, dass ihr Leben und ihre Arbeit ohne dieses Wirken nicht erfolgreich wäre.

Selbst Melanchthon, der gemeinhin nur als selbstvergessener Wissenschaftler gilt, wusste um die Arbeitsleistung der Hausfrauen und schrieb Luthers ehemaligem Hausgenossen Veit Dietrich: *Ich werde oft unwillig über einige Misanthropen, die eine besondere Weisheit darin suchen, die Weiber zu verachten und den Ehestand zu tadeln. Allerdings mag das weibliche Geschlecht seine Schwächen haben; aber die Männer haben auch die Ihrigen. Der Ehestand ist von Gott eingesetzt und aus Gehorsam gegen diesen sollen wir uns des anderen Geschlechtes annehmen. Wir sollen es also ehren, schätzen und schützen, und wenn wir mehr Stärke und Kraft besitzen, so wollen wir dies nicht durch Verachtung, sondern durch Unterstützung desselben beweisen.*[212]

Anmerkungen

1 Gerhard **Müller**, Zwischen Reformation und Gegenwart II. Vorträge und Aufsätze, Hannover 1988, S. 19.

2 K. **Krumhaar**, Dr. Martin Luthers Vaterhaus in Mansfeld. Ein Beitrag zur Reformationsgeschichte bearbeitet im Jahre 1845, Mansfeld 1845, S. 9.

3 Julius **Boehmer**, Luthers Ehebuch. Was Martin Luther Ehelosen, Eheleuten und Eltern zu sagen hat. Ein Buch zur Geschlechts- und Geschlechterfrage, Zwickau o. J., S. 53–56.

4 Julius Boehmer, Luthers Ehebuch., a. a. O., S. 120.

5 Walter **Friedensburg**, Urkundenbuch der Universität Wittenberg. Teil 1 (1502–1611), Historische Kommission für die Provinz Sachsen und für Anhalt, Magdeburg 1926, Nr. 136; Fritz **Stoy**, Friedrich des Weisen Hoflager in Lochau in seinem letzten Lebensjahre, in: Forschung und Leben. Heimatblätter des Schönbergbundes. Arbeitsgemeinschaft für Heimatpflege im Regierungsbezirk Merseburg. Heft 5 und 6, Halle, 2. Jahrgang, 1928, S. 289; Ingetraut **Ludolphy**, Friedrich der Weise Kurfürst von Sachsen 1463–1525, Göttingen 1984, S. 484.

6 Georg **Buchwald**, Luther-Kalendarium, in: Schriften des Vereins für Reformationsgeschichte, Jg. 45, Heft 2 (= Nr. 147), Leipzig 1929, S. 40; Günther **Wartenberg** (Hrsg.), Martin Luther. Briefe. Eine Auswahl, Leipzig 1983, S. 113.

7 Fritz **Bünger** und Gottfried **Wentz**, Das Bistum Brandenburg, in: Kaiser-Wilhelm-Institut für Deutsche Geschichte (Hrsg.), Germania Sacra. Die Bistümer der Kirchenprovinz Magdeburg. 2. Teil, Bd. 3, Berlin, 1941, S. 131, Nr. 137.

8 Julius Boehmer, Luthers Ehebuch, S. 123. – Der Begriff der „Josephsehe" wird verwendet, wenn zwei Ehepartner aus religiösen Gründen auf den geschlechtlichen Vollzug der Ehe verzichten.

9 Handwörterbuch des deutschen Aberglaubens, Hanns **Bächtold-Stäubli** unter Mitwirkung von Eduard Hoffmann-Krayer (Hrsg.), Bd 4, Berlin und New York 1987, Sp. 157.

10 Ebenda, Sp. 148 f.

11 Vgl. Kurfürst **Johann Georg I**. von Sachsen, Mandat, verbotener Grade, im Heyraten sich zu enthalten vom 11. Mai 1623, in: Neu-Vermehrtes und Vollständiges CORPUS JURIS ECCLESIASTICI SAXONICI, Oder: Churf. Sächs. Kirchen-Schul- wie auch andere darzu gehörige Ordnungen, ..., Dresden 1773, S. 618–623.

12 **Lexikon** des Mittelalters, Bd. 3: Codex Wintoniensis bis Erziehungs- und Bildungswesen, München 2002, Sp. 1616 f.

13 Georges **Duby** u. Philippe Aries (Hrsg.), Geschichte des privaten Lebens, 5 Bde., Bd 2: Vom Feudalzeitalter zur Renaissance, Frankfurt / Main 1985, S. 133.

14 Lexikon des Mittelalters, Bd. 3, Sp. 1616 f.

15 Eberhard **Isenmann**, Die deutsche Stadt im Spätmittelalter 1250–1500 Stadtgestalt, Recht, Stadtregiment, Kirche, Gesellschaft, Wirtschaft, Ulmer 1988, S. 293.

16 Lexikon des Mittelalters, Bd. 3, Sp. 1617f.

17 Eberhard Isenmann, Die deutsche Stadt im Spätmittelalter, S. 292.

18 Julius **Boehmer**, Luthers Ehebuch, S. 64.

19 Ich danke Herrn Prof. Peter Jehle, Wittenberg, für ein schönes und lehrreiches Gespräch über diese Fragen.

20 Franz **Bentler**, Die mittelalterlichen Dorfkirchen der Priegnitz, Pasewalk 1996, S. 108.

21 Friedrich Michael **Schiele** und Leopold **Zscharnack** (Hrsg.), Die Religion in Geschichte und Gegenwart. Handwörterbuch in allgemeinverständlicher Darstellung, Bd. 5, Tübingen 1913, Sp. 2227 f.

22 Johannes **Aurifaber**, Tischreden Oder Colloquia Doct. Mart. Luthers ..., Eisleben 1566, S. 464 b.

23 Elke **Strauchenbruch**, Luthers Weihnachten, Leipzig 2012.

24 Johannes Aurifaber, Tischreden Oder Colloquia, S. 430 b.

25 Julius Boehmer, Luthers Ehebuch, S. 60.

26 Christopher **Spehr**, Priesterehe und Kindersegen. Die Anfänge des evangelischen Pfarrhauses in der Reformationszeit, in: Thomas A. Seidel und Christopher Spehr (Hrsg.), Das evangelische

Pfarrhaus. Mythos und Wirklichkeit, Leipzig 2013, S. 15, zitiert nach: **WA** (Weimarer Ausgabe) 9, S. 213, 6 und 214, 11f.; WA 2, S. 170, 35f.; Volkmar **Joestel** und Friedrich **Schorlemmer** (Hrsg.), Und sie werden sein ein Fleisch. Martin Luther und die Ehe. Eine Textsammlung, Stiftung Luther-Gedenkstätten in Sachsen-Anhalt Heft 4, Wittenberg 1999, S. 5–7.

27 Christopher Spehr, Priesterehe und Kindersegen, S. 15, zitiert nach: Ad schedulam inhibitionis sub nomine episcopi Misnensis ..., in: WA 6, S. 146, 13f.

28 Johannes Aurifaber, Tischreden Oder Colloquia, S. 462b.

29 Julius Boehmer, Luthers Ehebuch, S. 16.

30 Volkmar Joestel und Friedrich Schorlemmer (Hrsg.), Und sie werden sein ein Fleisch, a. a. O., S. 10–12.

31 Christopher Spehr, Priesterehe und Kindersegen, S. 16f., nach: WA 6, S. 440.

32 Ebenda, S. 17f., nach: WA 6, S. 442f.

33 Volkmar Joestel und Friedrich Schorlemmer (Hrsg.), Und sie werden sein ein Fleisch, S. 13.

34 Ebenda, S. 13 Predigt über Joh. 2, 1–11; WA 7, S. 172 und S. 175.

35 Siegfried **Bräuer**, Die Reformation in der Grafschaft Mansfeld, in: Protokollband zum Kolloqium anläßlich der ersten urkundlichen Erwähnung Eisleben am 23. November 994, Veröffentlichungen der Lutherstätten Eisleben, Bd. 1, 1995, S. 39f.

36 Volkmar Joestel und Friedrich Schorlemmer (Hrsg.), Und sie werden sein ein Fleisch, S. 15; Christopher Spehr, Priesterehe und Kindersegen, S. 18 und 20; Julius A. **Wagenmann**, Bartholomäus Bernhardi, in: Allgemeine Deutsche Biographie (ADB) 2, 1875, S. 459–460.

37 Horst **Beintker**, Helmar **Junghans** und Hubert **Kirchner** (Hrsg.), Martin Luther Taschenausgabe. Auswahl in fünf Bänden, Bd. 2: Glaube und Kirchenreform, bearbeitet von Helmar Junghans, Berlin 1984, S. 153.

38 Julius Boehmer, Luthers Ehebuch, S. 60.

39 Volkmar Joestel und Friedrich Schorlemmer (Hrsg.), Und sie werden sein ein Fleisch, S. 15.

40 Christopher Spehr, Priesterehe und Kindersegen, S. 20ff.

41 Johann Karl **Seidemann**, Luthers Grundbesitz, in: Zeitschrift für die historische Theologie, Jg. 1860, IV. Heft, S. 502 Anm. 41.

42 Julius Boehmer, Luthers Ehebuch, S. 89 f.; Friedrich Gottlob Hofmann, Katharina von Bora oder Dr. Martin Luther als Gatte und Vater. Ein Beitrag zur Geschichte der Priesterehe so wie des ehelichen und häuslichen Lebens des großen Reformators nach den Quellen bearbeitet, Leipzig 1845, S. 41 f. Anm. 84.

43 Rainer Hambrecht, Eintragungen in kursächsischen Rechnungsbüchern zu Wittenberger Reformatoren und Georg Spalatin von 1519 bis 1553 (Teil 2), in: Luther-Jahrbuch, Göttingen 1989, S. 78 Anm. 122; WABr (Weimarer Ausgabe, Briefwechsel), Bd. 3, S. 100 Anm. 2 (628).

44 Im April 1523 verließ der Propst des Augustinerklosters? Neuwerk in Halle der geheime Rat Kardinal Albrechts Nikolaus Demuth das Kloster, floh nach Torgau und vermählte sich dort mit einer entlaufenen Nonne. Ihm folgen mehrere Brüder.

45 Stefan **Rhein**, Katharina Melanchthon, geb. Krapp. Ein Wittenberger Frauenschicksal der Reformationszeit, in: Stefan **Oehmig** (Hrsg.), 700 Jahre Wittenberg. Stadt, Universität, Reformation, Weimar 1995, S. 504 ff.

46 Vgl. Elke **Strauchenbruch**, Luthers Kinder, Leipzig 2010 (Anna Melanchthon).

47 Joachim **Camerarius**, Das Leben Philipp Melanchthons, übersetzt von Volker Werner, mit einer Einführung und Anmerkungen versehen von Heinz Scheible, Schriften der Stiftung Luthergedenkstätten in Sachsen-Anhalt, Bd. 12, Leipzig 2010, S. 60 f.

48 Sabine **Kramer**, Katharina von Bora in den schriftlichen Zeugnissen ihrer Zeit, (= Leucorea-Studien zur Geschichte der Reformation und der Lutherischen Orthodoxie 21, Leipzig 2016, S. 77 Anm. 245 (vgl. dazu: Heinz Scheible, Melanchthon und Frau Luther, in: Lutherjahrbuch 68. Jg. 2001, S. 98).

49 Stefan Rhein, Katharina Melanchthon, S. 506.

50 Heinrich **Kühne**, Aus der Geschichte des Wittenberger Melanchthonhauses, 2. Sonderdruck aus: Philipp Melanchthon 1497–1560. Bd. 1, Berlin 1963, Wittenberg 1964, S. 5.

51 Rainer Hambrecht, Eintragungen in kursächsischen Rechnungsbüchern zu Wittenberger Reformatoren und Georg Spalatin, S. 81,
Nr. 61.

52 Heinrich **Kühne**, Die privilegierten Ziegen der Katharina Melanchthon, in: Natur und Heimat, 9. Jg. Heft 4, April 1960, S. 183.

53 Vgl. Elke **Strauchenbruch**, Luthers Paradiesgarten, Leipzig 2015.

54 Georg Buchwald, Luther-Kalendarium, S. 16.

55 1497/1498 besuchte der Schüler Martin Luther den aus Mansfeld
stammenden Offizial des Magdeburger Erzbischofs Ernst, Paul
Moßhauer. Johann Agricolas Braut Else Moßhauer könnte seine
Nichte gewesen sein. (Vgl.: Günther Wartenberg [Hrsg.], Martin
Luther. Briefe. Eine Auswahl, Leipzig 1983, S. 78 und 393).

56 Günther Wartenberg (Hrsg.), Martin Luther. Briefe, S. 127.

57 Ebenda; Sabine **Kramer**, Katharina von Bora in den schriftlichen Zeugnissen ihrer Zeit, S. 132 und 272; WABr. 4, S. 210 f. Nr.
1111, 1112 und 1119.

58 Günther Wartenberg (Hrsg.), Martin Luther. Briefe, S. 149.

59 Vgl. von Elke Strauchenbruch, Luthers Kinder.

60 Sabine Kramer, Katharina von Bora in den schriftlichen Zeugnissen ihrer Zeit, S. 98.

61 D. Martin Luthers Briefe, ausgewählt von Georg **Buchwald**. Leipzig und Berlin 1925, S. 163, Nr. 163; Elisabeth wurde am 10. Dezember 1527 geboren und starb schon am 3. August 1528.

62 Ebenda, S. 169 Nr. 243.

63 Ebenda, S. 174 Nr. 253.

64 Hermann **Hering**, Doktor Pomeranus, Johannes Bugenhagen.
Ein Lebensbild aus der Zeit der Reformation, in: Schriften des
Vereins für Reformationsgeschichte 22, Halle 1888, S. 19.

65 Sabine Kramer, Katharina von Bora in den schriftlichen Zeugnissen ihrer Zeit, S. 105.

66 Werner **Rautenberg**, Johann Bugenhagen. Beiträge zu seinem
400. Todestag, Berlin 1958, S. 28.

67 Sabine Kramer, Katharina von Bora in den schriftlichen Zeugnissen ihrer Zeit, S. 104 (siehe dort über Rörer: Anm. 450).

68 Werner Rautenberg. Johann Bugenhagen, S. 28; Wilhelm **Jensen**,
Johannes Bugenhagen und die lutherischen Kirchenordnungen

von Braunschweig bis Norwegen, in: Luther. Mitteilungen der Luthergesellschaft, Heft 2, 1958, S. 61.

69 WATr. 2, S. 189.

70 Hermann Hering, Doktor Pomeranus, Johannes Bugenhagen, S. 20.

71 Paul **Gabriel**, Das Frauenlied der Kirche, Leipzig/Hamburg 1936; Otto **Brodde**, Herr Christ, der einig Gotts Sohn, in: Der Kirchenchor 1953, H. 1; Ders. u. Christa **Müller**, Das Graduallied. Theol. u. kirchenmusikal. Handreichung z. Gemeindesingen, München 1954; A **Dictionary** of Hymnology, John Julian (Hrsg)., Bd. 1, Dover/New York 1957 (Nachdr. 1972), S. 271; Hans **Volz**, Woher stammt die Kirchenlied-Dichterin E. C.?, in: Jahrbuch für Liturgik und Hymnologie (JLH) 11, Kassel 1967, S. 163 ff.; – **Schottenloher** I, Nr. 3491–3502; Literaturergänzung: Elisabeth **Schneider-Böklen**: Der Herr hat Großes mir getan. Frauen im Gesangbuch, Stuttgart 1995, S. 11–26.

72 Ernst **Kroker**, Katharina von Bora. Martin Luthers Frau. Ein Lebens- und Charakterbild, Berlin [15]1980, S. 209.

73 Elke Strauchenbruch, Luthers Kinder.

74 Georg Buchwald, Luther-Kalendarium, S. 35.

75 Georg **Spalatin**, Annalen, S. 636; WA 15, S. 626.

76 WA 15, S. 407, 622, 626 und 630.

77 Fritz Stoy, Friedrich des Weisen Hoflager, S. 278 f.

78 Christopher Spehr, Priesterehe und Kindersegen, S. 28.

79 Johannes Aurifaber, Tischreden Oder Colloquia, S. 437 b.

80 Johann Karl Seidemann, Luthers Grundbesitz, S. 480 f.

81 Friedrich Gottlob Hofmann, Katharina von Bora oder Dr. Martin Luther als Gatte und Vater, S. 35.

82 Johannes Aurifaber, Tischreden Oder Colloquia, S. 455 b.

83 Alfred **Schmidt**, Geschichte des Augustinerinnenklosters St. Clemens zu Brehna, Brehna 1924, S. 2 ff.

84 Ebenda, S. 28 ff.

85 Anne-Katrin **Köhler**, Geschichte des Klosters Nimbschen. Von der Gründung 1243 bis zu seinem Ende 1536/1542. Mit einem Exkurs Zisterzienserinnen zwischen Saale und Neiße im 13. Jahrhundert und ihre Stellung zum Orden (= Arbeiten zur Kirchen- und Theologiegeschichte 7), Leipzig 2003, S. 103 f.

86 Hans Christoph **Sens**, Katharina Luther und Torgau (= Kleinere Schriften des Torgauer Geschichtsvereins 18), Torgau 2006, S. 14.

87 WA 30 III, S. 75, 11–15.

88 Hans Christoph Sens, Katharina Luther und Torgau, S. 17.

89 Antje **Rüttgardt**, Katharina von Bora als Nonne, in: Mönchshure und Morgenstern. Katharina von Bora, die Lutherin – im Urteil der Zeit, als Nonne, eine Frau von Adel, als Ehefrau und Mutter, eine Wirtschafterin und Saumärkterin, als Witwe. Wittenberger Sonntagsvorlesungen, Peter Freybe (Hrsg.), Evangelisches Predigerseminar, Wittenberg 1999, S. 49.

90 Hans Christoph Sens, Katharina Luther und Torgau, S. 16.

91 Ludwig Andreas **Veit**, Volksfrommes Brauchtum und Kirche im deutschen Mittelalter. Ein Durchblick, Freiburg i. Br. 1936, S. 149.

92 Martin **Treu** (Hrsg.), Katharina von Bora, die Lutherin: Aufsätze anlässlich ihres 500. Geburtstages, S. 12.

93 Anne-Katrin Köhler, Geschichte des Klosters Nimbschen, S. 119 Anm. 13.

94 Armin **Kohnle**, Martin Luther. Reformator, Ketzer, Ehemann, Leipzig 2016, S. 147.

95 Armin Kohnle, Martin Luther, S. 147; Martin Treu (Hrsg.), Katharina von Bora, die Lutherin, S. 12; **Benzing** 1247; WA 10, II, 275–304.

96 Ernst Kroker, Katharina von Bora.

97 Anne-Katrin Köhler, Geschichte des Klosters Nimbschen, S. 117 f. Anm. 2; Sabine Kramer, Katharina von Bora in den schriftlichen Zeugnissen ihrer Zeit, S. 45 Anm. 13, u. a. nach: Martin **Treu**, Martin Luther und Torgau, Wittenberg 1995, S. 16 ff.

98 Ernst Schubert, Essen und Trinken im Mittelalter, Darmstadt 2010, S. 140 f.; Rainer Hambrecht, Eintragungen in den kursächsischen Rechnungsbüchern zu Wittenberger Reformatoren und Georg Spalatin, S. 70; Rainer **Hambrecht**, Die kursächsischen Rechnungsbücher im Staatsarchiv Coburg und ihr Quellenwert für die Person Lukas Cranach d. Ä., in: Jahrbuch der Coburg-Stiftung 32, Coburg 1987, S. 70 Nr. 12 über Heringslieferungen Cranachs an das Augustinerkloster in Wittenberg zum Adventsfasten 1519.

99 WA 11, S. 92.

100 Anne-Katrin Köhler, Geschichte des Klosters Nimbschen, S. 127; Georg von **Hirschfeld**, Die Beziehungen Luthers und seiner Gemahlin, Katharina von Bora, zur Familie von Hirschfeld. Beiträge zur sächsischen Kirchengeschichte 2, 1883; Christian G. **Berger**, Kurze Beschreibung der Merkwürdigkeiten die sich in Eisleben, und in Luthers Hause daselbst ..., Merseburg 1827, S. 86 ff. berichtet, Katharina sei anfangs im Hause des Stadtschreibers untergekommen. Später macht man daraus den Bürgermeister Lic. Reichenbach in der Bürgermeisterstraße.

101 Antje Rüttgardt, Katharina von Bora als Nonne, S. 40 f.

102 Sabine Kramer, Katharina von Bora in den schriftlichen Zeugnissen ihrer Zeit, S. 200 f., nach: WA 11, S. 394 ff.

103 Anne-Katrin Köhler, Geschichte des Klosters Nimbschen, S. 117.

104 Vgl. Eberhard Isenmann, Die deutsche Stadt im Spätmittelalter, S. 293.

105 Anne-Katrin Köhler, Geschichte des Klosters Nimbschen, S. 133 f.

106 Ebenda, S. 128 f.

107 Hermann **Freytag**, Die Preussen auf der Universität Wittenberg und die nichtpreussischen Schüler Wittenbergs in Preussen von 1502 bis 1602. Eine Festgabe zur vierhundertjährigen Gedächtnisfeier der Gründung der Universität Wittenberg, Leipzig, 1903, S. 87 Nr. 12.

108 Anne-Katrin Köhler, Geschichte des Klosters Nimbschen, S. 129 und 132.

109 Friedrich Gottlob Hofmann, Katharina von Bora oder Dr. Martin Luther als Gatte und Vater, S. 44 Anm. 89 (Brief Erasmus an Thomas Lupfelt, 1525).

110 Sabine Kramer, Katharina von Bora in den schriftlichen Zeugnissen ihrer Zeit, S. 280, nach: Seidemann, S. 555.

111 Sabine Kramer, Katharina von Bora in den schriftlichen Zeugnissen ihrer Zeit, S. 280, nach: WABr. 3, S. 358 Nr. 782.

112 Sabine Kramer, Katharina von Bora in den schriftlichen Zeugnissen ihrer Zeit, S. 252 f.

113 Michael Beyer, Luthers Ehelehre bis 1525, S. 77.

114 Anton-Theodor **Effner**, Dr. Martin Luther und seine Zeitgenossen dargestellt in einer Reihe karakterisierender Züge und Anekdoten, Augsburg 1817, S. 190.

115 Handwörterbuch des deutschen Aberglaubens, Hanns Bächtold-Stäubli (Hrsg.) unter Mitwirkung von Eduard Hoffmann-Krayer, 10 Bde., Berlin 1927–1942, Bd. 1, Sp. 1522.

116 Ingetraud **Ludolphy**, Katharina von Bora, die „Gehilfin" Martin Luthers, in: Luther. Mitteilungen der Luther-Gesellschaft 1961, Heft 2, S.69, nach: WA 18, 410, S. 21 ff.; Julius Boehmer, Luthers Ehebuch, S. 122 f.

117 Handwörterbuch des deutschen Aberglaubens, Bd. 4, Sp. 166; Tibor **Fabiny**, Martin Luthers letzter Wille. Das Testament des Reformators und seine Geschichte, Berlin 1983, S. 70 Anm. 16.

118 Neu-Vermehrtes und Vollständiges **CORPUS JURIS** ECCLESIASTICI SAXONICI, Oder: Churf. Sächs. Kirchen-Schul- wie auch andere darzu gehörige Ordnungen, ..., Dresden 1773, S. 625 f.

119 Friedrich **Diehm**, Luther als Kenner deutschen Volksbrauchs und deutscher Volksüberlieferung, Gießen 1930, S. 27.

120 Friedrich Gottlob Hofmann, Katharina von Bora oder Dr. Martin Luther als Gatte und Vater, S. 35 Anm. 69; Das **Chronicon Citizense** des Benediktinermönches Paul Lang im Kloster Bosau und die in demselben enthaltenen Quellen. Ein Beitrag zur Historiographie des 16. Jahrhunderts von Karl Emmanuel Hermann Müller, in: Neues Archiv für Sächsische Geschichte und Altertumskunde 13, 1892, S. 279–314.

121 Friedrich Gottlob Hofmann, Katharina von Bora oder Dr. Martin Luther als Gatte und Vater, S. 35 f.

122 Friedrich Gottlob Hofmann, Katharina von Bora oder Dr. Martin Luther als Gatte und Vater, S. 36 Anm. 72.

123 Friedrich Gottlob Hofmann, Katharina von Bora oder Dr. Martin Luther als Gatte und Vater, S. 38; Camearius erhielt auch einen Bericht von Lukas Cranach (Vgl. Werner **Schade**, Die Malerfamilie CRANACH, Dresden 1974, S. 413 Nr. 232).

124 Friedrich Gottlob Hofmann, Katharina von Bora oder Dr. Martin Luther als Gatte und Vater, S. 40.

125 Lexikon des Mittelalters, Bd. 3, Sp. 1619.

126 Julius Boehmer, Luthers Ehebuch, S. 50*.

127 G. **Binding**, Art. „Brauttür", in: Lexikon des Mittelalters, Bd. 2, Sp. 592.

128 Otto **Albrecht**, Ein Traubüchlein für die einfältigen Pfarrherrn. 1529, in: WA 30 III, S. 60–64

129 Lexikon des Mittelalters, Bd. 3, Sp. 1623.

130 Georges Duby u. Philippe Aries (Hrsg.), Geschichte des privaten Lebens Bd. 2, S. 136, 138.

131 WA 30 III, S. 77.

132 Helmar **Junghans**, Die evangelische Ehe, in: Katharina von Bora, die Lutherin. Aufsätze anläßlich ihres 500. Geburtstages, S. 87.

133 **LCI**. Lexikon der christlichen Ikonographie, Engelbert Kirschbaum SJ u. a. (Hrsg.), Sonderausgabe, Bd. 1, Sp. 325, Rom u. a. 1994.

134 Ludwig Andreas Veit, Volksfrommes Brauchtum und Kirche im deutschen Mittelalter, Freiburg i. Br. 1936, S. 144.

135 Georg Christoph **Lichtenberg**, Vermischte Schriften. Neue vermehrte, von dessen Söhnen veranstaltete Original-Ausgabe, Bd. 6, Göttingen 1845, S. 386–388, nach: Göttinger Taschenkalender 1787, S. 153 ff.

136 Otto Albrecht, Ein Traubüchlein für die einfältigen Pfarrherrn. 1529, in: WA 30 III, S. 66 f.

137 Friedrich Gottlob Hofmann, Katharina von Bora oder Dr. Martin Luther als Gatte und Vater, S. 38 Anm. 80.

138 Julius Boehmer, Luthers Ehebuch, S. 124.

139 WATr. 3, S. 593 Nr. 3755.

140 RatsArchiv Wittenberg: Der Chur-Stadt **Wittenberg Copial-Buch** derer vorhandenen Chur- und Fürstl: ... Privilegien, ... das gemeine Wesen angehenden Documenten wie solche anfänglich zu Erhaltung derer Originalien ao. 1512. Zusammen getragen, und nachher ... nachdem das alte Copial-Buch unleserlich und schadhaft worden anderweit abgeschrieben ... Ba 1 = Nr. 1, S. 614 b f. (Quellenedition: Karl Eduard **Förstemann**, Die Willkür und Statuten der Stadt Wittenberg, aus dem Wittenberger Statutenbuche mitgeteilt, S. 38).

141 **Wie Wittenberg** sich Dr. Martin Luther dankbar zeigte, in: Unser Heimatland, Februar 1936.

142 Eusebius **Engelhardt** = Michael Kuen, Freundschaftliche Erinnerungen wegen übergebuzten Morgenstern zu Wittenberg, in: Zwölf Sendschreiben an Christian Wilhelm Frantz Walch, ... Presburg 1752, S. 197 ff.; Georg Buchwald, Luther-Kalendarium, S. 41.

143 Vgl. Elke Strauchenbruch, Luthers Küchengeheimnisse, Leipzig 2015.

144 Albrecht **Thoma**, Katharina von Bora. Geschichtliches Lebensbild, Berlin 1900, S. 66; Ernst Kroker, Katharina von Bora. Martin Luthers Frau. Ein Lebens- und Charakterbild, S. 89.

145 RatsArchiv Wittenberg: Chur-Stadt Wittenberg, **Gerechtigkeit** an Heergewette, Gerade und Abzug samt was dem anhängig 1427–1530 = BC 11 = Nr. 23; S. 5 (1987/3/18 f.).

146 WATr. 2, S. 165, 14–17 (Nr. 1656 = Nachschriften von Johannes Schlaginhausen, 12. Juni bis 12. Juli 1532), auch in: WATr 3, S. 211 Nr. 3178 a und b = Sammlung Conrad Cordatus vom Juni 1532.

147 Christopher Spehr, Priesterehe und Kindersegen, S. 15, nach: WA 9, S. 213, 6 und 214, 11 f.; WA 2, S. 170, 35 f.

148 Michael Beyer, Luthers Ehelehre bis 1525, S. 61 f.

149 Volkmar Joestel und Friedrich Schorlemmer (Hrsg.), Und sie werden sein ein Fleisch, S. 28.

150 Ebenda, S. 35.

151 Ebenda, S. 37.

152 Julius Boehmer, Luthers Ehebuch, S. 125 f., nach: WA 17 II, S. 153 bis 161.

153 Johannes Aurifaber, Tischreden Oder Colloquia, S. 438.

154 Johannes Aurifaber, Tischreden Oder Colloquia, S. 440 b.

155 Johannes Aurifaber, Tischreden Oder Colloquia, S. 453 b.

156 Julius Boehmer, Luthers Ehebuch, S. 86, nach: Martin **Luther**, An die Herren Deutschen Ordens, 1523.

157 Johannes Aurifaber, Tischreden Oder Colloquia, S. 456b.

158 Volkmar Joestel und Friedrich Schorlemmer (Hrsg.), Und sie werden sein ein Fleisch, S. 25, 26 und 30.

159 Julius Boehmer, Luthers Ehebuch, S. 6, nach: Martin Luther, Decem praecepta, WA I, S. 431 ff.

160 Julius Boehmer, Luthers Ehebuch., S. 2, nach: Martin Luther, Decem praecepta, WA I, S. 431 f.

161 Friedrich Diehm, Luther als Kenner deutschen Volksbrauchs, S. 27.

162 Sabine Kramer, Katharina von Bora in den schriftlichen Zeugnissen ihrer Zeit, S. 74, nach: WABr. 11, S. 287 Nr. 4201.

163 Paul Gottlieb **Kettner**, Historische Nachricht Von dem Raths-COLLEGIO Der Chur-Stadt Wittenberg ... Wolfenbüttel 1734, S. 41, nach: Ratsakten.

164 Johann Heinrich **ZEDLER**, Universal-Lexikon, Bd. 36, Halle und Leipzig 1731–1754, Sp. 9.

165 Johann Karl Seidemann, Luthers Grundbesitz, S. 484.

166 Julius Boehmer, Luthers Ehebuch, S. 124.

167 Günther Wartenberg (Hrsg.), Martin Luther. Briefe, S. 116.

168 Georg Buchwald, Luther-Kalendarium, S. 23, nach Spalatin, Annalen 611.

169 Sabine Kramer, Katharina von Bora in den schriftlichen Zeugnissen ihrer Zeit, S. 117 Anm. 551; WABr. 3, S. 635.

170 WA 11, S. 400 Anm. 1.

171 Fritz Bünger und Gottfried Wentz, Das Bistum Brandenburg, S. 327.

172 Günther Wartenberg (Hrsg.), Martin Luther. Briefe, S. 116 f.

173 Ebenda, S. 129 f.; WABr. 4, S. 310 Nr. 1189; deutsch in: **Walch** XXIa, Spalte 1054 Nr. 1163.

174 Walter **Friedensburg**, Urkundenbuch der Universität Wittenberg. Teil 1 (1502–1611), Historische Kommission für die Provinz Sachsen und für Anhalt, Magdeburg 1926.

175 Werner Schade, Die Malerfamilie CRANACH, S. 439 Nr. 335.

176 Georg Buchwald, Luther-Kalendarium, S. 43.

177 WA Br 4, S. 176 Nr. 1088.

178 Johann Heinrich ZEDLER, Universal-Lexikon, Bd. 13, Sp. 328 f.

179 Martin **Luther**, Das 7. Kapitel des 1. Korintherbriefs (mit Widmung an den Bräutigam Hans von Löser); Christof **Schubart**, Luther und die Jagd mit besonderer Beziehung auf die Jagdgebiete rund um Wittenberg, in: Luther. Mitteilungen der Luther-Gesellschaft, 1920, Heft 3 u. 4, S. 48.

180 Vgl. Elke Strauchenbruch, Luthers Kinder.

181 Julius Boehmer, Luthers Ehebuch, S. 60; vgl. Michael Beyer, Luthers Ehelehre bis 1525, S. 70.

182 Ludwig Andreas Veit, Volksfrommes Brauchtum und Kirche im deutschen Mittelalter, S. 146 f.

183 Friedrich Diehm, Luther als Kenner deutschen Volksbrauchs und deutscher Volksüberlieferung, S. 27, nach: WA 17.2, S. 63, 12.

184 Bernward **DENEKE**, Brautkleidung, in: Lexikon des Mittelalters, Bd. 2, Sp. 589; Bernward **DENEKE**, hochzeit, Bibliothek des Germanischen Nationalmuseums Nürnberg zur deutschen Kunst- und Kulturgeschichte, Ludwig Grote (Hrsg.), Bd. 31, München 1971.

185 Handwörterbuch des deutschen Aberglaubens, Bd. 1, Sp. 1529 f.

186 Julius Boehmer, Luthers Ehebuch, S. 136 f.

187 Eduard **Stegmann**, Aus dem Volks- und Brauchtum Magdeburgs und der Börde, in: Magdeburger Kultur- und Wirtschaftsleben 4, 1935, S. 61 f., S. 64.

188 Lottlisa **Behling**, Die Pflanze in der mittelalterlichen Tafelmalerei, Weimar 1957; Bernward Deneke, Brautkleidung, Sp. 589; Handwörterbuch des deutschen Aberglaubens, Bd. 4, Sp. 160, 162, 168.

189 Gabriel Gottfried **Bredow**, Katharina von Bora, in: Minerva 9, 1813, S. 343.

190 Bruno **Schier**, Die mittelalterlichen Anfänge der weiblichen Kopftrachten im Spiegel mittelhochdeutschen Schrifttums, in: Veröffentlichungen der Kommission für Volkskunde, Bd. 2: Beiträge zur sprachlichen Volksüberlieferung, Berlin 1953, S. 146 f.

191 O. Albrecht, Ein Traubüchlein für die einfältigen Pfarrherrn. 1529, in: WA 30 III, S. 68.

192 Johann Karl Seidemann, Luthers Grundbesitz, S. 500; E. **Wolffhardt**, Beiträge zur Pflanzensymbolik. Über die Pflanzen des Frankfurter „Paradiesgartens", in: Zeitschrift für Kunstwissenschaften, Berlin 1954, S. 184–188.

193 Johann Karl Seidemann, Luthers Grundbesitz, S. 500.

194 Martin **Luther**, Traubüchlein 1529, in: WA 30 III, S. 76.

195 Elke Strauchenbruch, Luthers Küchengeheimnisse.

196 RA Wittenberg: Der Chur-Stadt Wittenberg Copial-Buch Ba 1 = Nr. 1, S. 614b f. (Quellenedition: Karl Eduard Förstemann, Die Willkür und Statuten der Stadt Wittenberg, aus dem Wittenberger Statutenbuche mitgeteilt, S. 39).

197 Das Jagdrecht oblag dem Adel. Doch Luther und seine Freunde erhielten häufig fürstliche Geschenke von Wildbret. (Vgl. dazu: Elke Strauchenbruch, Luthers Küchengeheimnisse).

198 Manfred **Lemmer**, Do wirt es gut vnd wohlgeschmack. Alte deutsche Kochrezepte um 1350 bis 1600, Halle 1991, S. 101 ff. und S. 287.

199 WA 17 II, S. 60 ff.

200 Julius Boehmer, Luthers Ehebuch, S. 137.

201 Georg **Buchwald**, Zur Wittenberger Stadt- und Universitäts-Geschichte in der Reformationszeit: Briefe aus Wittenberg an M. Stephan Roth in Zwickau, Charlestown 1997, S. 62 Nr. 68.

202 Michael Beyer, Luthers Ehelehre bis 1525, S. 70.

203 Christian Friedrich **Erdmann**, Luther und die Hohenzollern, Breslau 1883. S. 21.

204 Elke **Strauchenbruch**, Luthers Paradiesgarten, Leipzig 2015; Elke **Strauchenbruch**, Luthers Wittenberg, Leipzig 2013.

205 Martin **Treu**, Luther-Bilder, in: Fundsache Luther. Archäologen auf den Spuren des Reformators, hrsg.v. Harald Meller. Begleitband zur Landesausstellung „Fundsache Luther" im Landesmuseum für Vorgeschichte Halle 2008/2009, Stuttgart 2008, S. 97.

206 Johannes Aurifaber, Tischreden Oder Colloquia, S. 433.

207 Sabine Kramer, Katharina von Bora in den schriftlichen Zeugnissen ihrer Zeit, S. 224 ff.

208 Fritz Bünger und Gottfried Wentz, Das Bistum Brandenburg, S. 126-128; WA 18, 434; **Barge**, Karlstadt 2, S. 366; Buchwald, Luther-Kalendarium, S. 41.

209 Josef **Rosen**, Chronik von Basel. Hauptdaten der Geschichte, Basel 1971, S. 108.

210 Johann Karl Seidemann, Luthers Grundbesitz, S. 483.

211 Johannes Aurifaber, Tischreden Oder Colloquia, S. 432 b.

212 Karl **Matthes**, Philipp Melanchthon. Sein Leben und Wirken aus den Quellen dargestellt, Altenburg 1841, S. 42, nach: **CR** III, S. 1172.

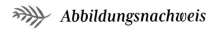 ## *Abbildungsnachweis*

Abb. 1–7, 9–13, 15, 16, 18, 20, 21, 23–25, 32, 34: Archiv Strauchenbruch

Abb. 14, 17, 19, 29, 30, 35, 36: Foto Strauchenbruch

Abb. 5, 28, 31: Luther-Stiftung Sachsen-Anhalt

Abb. 21, 28: akg-images

Abb. 22: Museen der Stadt Nürnberg, Kunstsammlungen

Abb. 33: wikimedia

Abb. 8, 26 (Titelbild), 27: Szenen aus dem Panorama „Luther 1517" in Wittenberg von Yadegar Asisi, © asisi

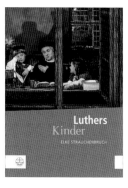